跟谁都能
聊得来

打破沉默和尴尬的局面
讲透搭话和接话的精髓

陈建伟◎著

中华工商联合出版社

图书在版编目（CIP）数据

跟谁都能聊得来 / 陈建伟著. -- 北京 : 中华工商联合出版社，2016.5

ISBN 978-7-5158-1647-0

Ⅰ. ①跟… Ⅱ. ①陈… Ⅲ. ①语言艺术－通俗读物 Ⅳ. ①H019-49

中国版本图书馆CIP数据核字(2016)第084435号

跟谁都能聊得来

作　　者：陈建伟
责任编辑：胡小英　邵桄炜
装帧设计：润和佳艺
责任审读：李　征
责任印制：迈致红
出版发行：中华工商联合出版社有限责任公司
印　　刷：大厂回族自治县彩虹印刷有限公司
版　　次：2016年6月第1版
印　　次：2018年3月第6次印刷
开　　本：710×1000mm　1/16
字　　数：220千字
印　　张：13.5
书　　号：ISBN 978-7-5158-1647-0
定　　价：32.00元

服务热线：010-58301130
销售热线：010-58302813
地址邮编：北京市西城区西环广场A座
19-20层，100044
http://www.chgslcbs.cn
E-mail：cicap1202@sina.com（营销中心）
E-mail：gslzbs@sina.com（总编室）

前言

不冷场方成功

饭桌上，我们效仿同事的做法，战战兢兢地向领导敬酒，接下来便不知道该说些什么；电梯里，我们拘谨地和同事打个招呼，然后就不知道该聊些什么；朋友聚会，只要超过三个人或者有一个陌生人在场，我们就会成为最安静的人，整个聚会都可能一言不发……以上种种情况给我们的感觉都可以总结为一个字——冷，也就是我们通常所说的“冷场”。冷场是一种不成熟的表现，它代表我们没能掌握基本的交际能力，这对于开拓我们的生活领域、发展我们的职业和事业，都是挥之不去的梦魇。

然而，总有一种人被人们称为“自来熟”，他们几乎能够和所有人酣畅交谈，即使面对素未谋面的陌生人，也能够在三言两语之间热聊起来。细细听来，他们的话大多并无太多意义，但是又能够给对方极好的感觉，谈话也能够自然而然地进行下去。这就是所谓的“热场”，就像演员和歌手上台表演一样，如果能够在第一时间把场面搞“热”，接下来的表演就会事半功倍，反之则事倍功半。与人沟通尤其是与陌生人沟通，同样如此。

其实，只要我们回想一下，就会发现一个很普遍的现象：即使我们是一个颇为内向的人，在与自己的好朋友聊天时，也能够随心所欲、侃侃而谈。那么，为什么在面对陌生人时、在面对领导和半生不熟的同事时却总是不知该聊些什么呢？这就需要了解一些不冷场的知识和技巧，并且把这当成自己的一种能力来进行培养。通过专业的学习和实践，我们就能够和他人自由交谈，让自己的交际能力如虎添翼。

一个善于热场的人能够给人以精神愉悦的感觉，能够让人们喜欢和他们接触，想要和他们接触甚至争着和他们接触。

掌握不冷场的艺术，首先要求我们形成强大的“热场意识”，如此才能不断提高和校正自己的交际方法，并且在遇到困难的时候保持信心；然后深入了解一些不冷场的技巧，所谓“工欲善其事，必先利其器”；再充分应用到实际生活和工作中去，在具体的生活和工作中加以验证，去芜存菁；最后内化为自身的交际能力，达到与人沟通无障碍的状态，确保随时随地能够热场。本书将从以上四个方面入手，在全面讲解沟通技巧的同时，为广大读者朋友安排相应的实例分析，帮助大家尽快、尽好、尽可能地掌握与人沟通的技巧，使自己在生活和工作中摆脱冷场，一路畅通地走向幸福和成功。

目录
contents

第三章 注重表达是为了得到更好的回应

第四章 率先发问才能把握先机

第五章 用情感说话，温柔地表达

第一章

共鸣为先，频道统一才不会冷场

我们在与人沟通的时候，如果想要避免冷场，最重要的就是让对方了解我们的内心世界。而达成这一目的的最佳方法，就是让对方意识到和我们的共同点，从而迅速建立认知，即通常所说的产生共鸣。在日常沟通中，如果我们能够利用好“共鸣”原理，沟通不再冷场将成为触手可及的事。

✿ 热情寒暄，制造和谐的气氛

林非先生是著名的散文研究家，在某次全国散文研讨会上，他做了散文方面的专题发言。发言中，他以一个房间的代表在门上贴着“请勿骚扰”四个字为例，谈到语言的轻重问题。发言的当晚，他很想听听代表们的意见。他来到一间门上贴有“请勿骚扰”字条的宿舍。

一进门，林非便笑着对大家说：“各位，我来骚扰大家了！”大家一见是林非先生，立即站起来说：“欢迎骚扰！欢迎骚扰！”一时，整个宿舍的气氛十分热烈。互致问候后，大家畅所欲言，各抒己见，就散文的语言问题展开了深入的讨论。这种效果的取得与林非先生所制造的愉快的开始不无关系。

虽然只是短短的一句话，但充分显示了这位散文家的语言机智，他信手拈来，谈笑间消除了与他人之间的陌生感，密切了与他人之间的关系。

谈话是需要气氛的，愉快的气氛有时在不经意中产生，有时出自故意地营造，但无论属于哪一类，都必须做到自然，切忌生硬。聪明的谈话者往往在谈话之前就对谈话对象进行了充分了解，并善于在谈话开始之前营造交谈的和谐气氛，从而有助于自己尽快进入角色。

在我们的日常交际中，一些谈话常常以不欢而散告终，原因之一就是未能创造谈话前的愉快气氛。心理学研究表明，人们在愉快的心情下交谈，易产生求同和包容心理，对对方观点的接受性增强，排斥力减弱。

跟初次见面的人寒暄，最标准的说法是："您好""很高兴能认识您""见到您非常荣幸"。比较文雅一些的话，可以说"久仰"，或者说"幸会"。想随便一些，也可以说"早听说过您的大名""某某经常跟我谈起您"，或是"我早就拜读过您的大作""我听过您的报告"等。

跟熟人寒暄的用语则不妨显得亲切一些、具体一些，可以说"好久没见了""又见面了"，也可以讲"您气色不错""您的发型真棒""您的小孙女好可爱呀""今天的风真大"等。

寒暄是正式交谈的前奏，它的"调子"定得如何，直接影响着整个谈话的效果。因此，对寒暄绝不能轻而视之。寒暄的时候，有必要注意以下几点：

第一，寒暄应主动热情、诚实友善。寒暄时选择合适的方式、合适的语句是非常必要的，但这合适的方式、语句的表示还有赖于主动热情、诚实友善的态度。只有把这三者有机地结合起来，寒暄的目的才能达到。试想，当别人用冷冰冰的态度对你说"我很高兴见到你"时，你会有一种怎样的感觉？当别人用不屑一顾的态度夸奖你"我发现你很精明能干"时，你又会做何感想？推己及人，我们寒暄时不能不注意态度。

第二，寒暄应适可而止，不要过分热情。做任何事情都应有个"度"，寒暄也是一样的。恰当适度的寒暄有益于打开谈话的局面，但切忌没完没了。有经验的推销员，总是善于从寒暄中找到契机，因势利导，言归正传。

第三，有友好之意，敬重之心。寒暄的时候既不容许敷衍了事般地打哈哈，也不可以戏弄对方。如“来了”“瞧您那副熊样”“喂，您又长膘了”等均应禁用，这样会让对方感觉到你对他不尊敬。

第四，删繁就简，不要过于程式化。寒暄应该简单明了，让人听了耳目一新，不要像写八股文那样又烦又长。

第五，注意民族性和地域性的寒暄语。问候语具有非常鲜明的民俗性、地域性的特征。比如，老北京人爱问别人“吃了吗？”其实质就是“您好！”您要是答以“还没吃”或者“刚吃”，意思就不大对劲了。若以之问候南方人或外国人，则对方常会理解为“要请我吃饭”“多管闲事”“没话找话”，从而引起误会。

第六，不要用容易产生误解的寒暄语。为了避免误解，达到统一而规范的效果，商界人士应以“您好”“忙吗”为问候语，最好不要乱说别的。牵涉个人私生活、个人禁忌等方面的话语最好别说，例如，一见面就问候人家“最近又失恋了？”或是“现在怎么还吃药呢？”都会令对方反感至极。

寒暄可以使双方放松一些、熟悉一些，造成一种有利于交谈的氛围。通过交谈，大家可以更加了解对方，有利于找到共同的话题，有利于采用策略进行深入交谈，所以切不可轻视寒暄的作用。

带着微笑，拨动对方的心弦

美国前总统尼克松无论在何种场合下，说话前总是先微笑地看着大家，就是说话也会带着他那迷人的微笑。

有朋友问他：“在竞选时，你从早到晚到处与人握手、微笑，怎么能受得了？”“其实对他们微笑的时候，我的心里一直在想踹走他们！”尼克松笑着回答道。

这就是微笑的魅力，如果我们在说话的时候面带微笑，气氛一定非常和谐，尼克松就是一个很好的例子，微笑就是他的最好武器，而且“尼克松的微笑”一度风靡美国，成为尼克松登上总统席位的基础。

如果一个人对你满面冰霜、横眉冷眼，说话不冷不热，而另一个人对你面带笑容、温暖如春，说话风趣幽默，他们同时向你请求帮助，你更喜欢帮助哪一个？相信大多数人都会选择后者。

“伸手不打笑面人”就是对微笑的最好阐释。你一见人就笑一笑，即使笑得不美、笑得不甜，也总比一副苦脸要耐看得多，还没有开口，就让大家的关系近了一步。

微笑在我们的生活中也是非常有用的，当你去时装店挑选自己喜爱的服装时，如果你能做到“向对方开口之前先微笑”，那么，无论哪个柜台、哪位服务员都会愿意给你提供最好的服务，这就是微笑的魔力。

行动往往比语言更具体，而微笑正表示“我喜欢你，你使我快乐；见到你，我很高兴”等等。这时人与人之间的陌生就会消除，而且能增进彼此间的关系。真诚的微笑是心理健康的标志，是自信的象征，是礼貌的表示，是与人和睦相处的反映，是成熟人格的表征。

微笑就像一瓶魔力神水一样，当你喝下去以后，可以把那些令人阴郁、沮丧、恐惧、苦恼的种种情绪一扫而光。莞尔一笑，必能祛除灰色的心情和冷漠的隔阂；会心一笑，便能无言地传达喜欢对方的心情。也就是说，微笑在我们说话的时候可以表现出它非凡的魅力。

第一，微笑可以很好地化解不愉快的谈话。如果在我们说话的时候，遇到的人有爱发脾气者、有刻薄挑剔者、有出言不逊者，那么对付这些难以对付之人，含蓄的微笑往往比口若悬河更有力。面对别人的胡搅蛮缠、粗暴无礼，只要你先微笑、冷静下来，就能稳控局面，用微笑缓减对方的刺激，以微笑化解对方的攻势，从而以静制动，以柔克刚。

第二，微笑可以缓解陌生人之间的尴尬。当你走入一个陌生的环境中时，由于陌生或羞涩，你往往会端坐不语或拘谨不安，或者是找不到开场的话语。此时，你若微笑，就能使紧张的神经松弛，减消此前的戒备心理和陌生感，相互产生良好的信任感和亲近感。让人微笑，你自己得先微笑。

第三，用微笑巧妙地拒绝别人。当别人有求于你时，你想拒绝却又无法说明原因，也不便向对方多说什么道理，但又不得不让对方“下台”，说“行”当然不好，说“不行”，又会使对方的不安心理加剧而产生强烈的反应。怎么办？微笑。它既能缓和紧张的情绪，免使对方难堪，又能免去言语不周而导致的麻烦，取得“此时无声胜有声”之效。而且，微笑还能为你赢得思考时间，借以找到更巧妙的处理方法。

第四，用微笑表达自己的歉意。如果你在话语中犯了错误但是又不好解释时，微笑就是对他人表示和蔼友善的最好方式。它能反映出你控制和表现自己情绪的能力，也能显示你主动热情、坦率大方的个性，这时，只要你主动真诚地向他们报以微笑，一切便会和好如初。

微笑可以给我们带来很多好处，当你微笑时，整个世界都在笑，一脸苦相的人是没有人愿意理睬的。不要再吝啬你的微笑了，善于交际的人在人际交往中的第一个行动就是微笑。微笑能够使我们的谈话在轻松的氛围中展开，可以消除由于陌生、紧张带来的障碍。同时，微笑也显示出你的自信心，希望能够通过良好的交流达到预期的目的。

由此可见，“微笑是说话的特权”。微笑可以展示出你的自信，人们往往依据你的微笑来获取对你的印象，从而决定对你要办的事所采取的态度。

好的称呼，让沟通成功一半

一个年轻的旅行者骑着摩托车进入戈壁，好不容易遇到一个赶着牛车的老人，又渴又饿的他随口问道："嘿，这里离饭店还有多远？"

老人笑呵呵地对他说："五里。"

旅行者一听还有五里，心想转眼就能赶到，于是一轰油门继续出发了，连声谢谢都没有对老人说。结果等他开出去五里，不要说饭店，村落都没有见到一处。

如此他不得不思考老人对他说的话，忽然灵光一闪，"五里"的谐音不就是"无礼"吗？难道老人是在责备自己无礼？旅行者意识到了自己的唐突，他不禁感到了一丝羞愧。

少顷，老人赶着牛车到来，旅行者立即骑着车跟上去说："老大爷，我刚刚饿昏了头，冒犯了您，真对不起。"

老人依旧笑呵呵地赶路，说："没关系。"

旅行者说："老大爷，还得麻烦您一下，这附近哪里有饭店啊？"

老人甩了一把鞭子说："这附近哪里都没有饭店，你跟紧点儿，到我家吃点饭吧。"

事实上，不管我们和谁沟通，也不管我们想要谈论什么话题，总得有一个合适的称呼开头。即使不能确保称呼的准确性，也要让对方感到亲切，至少要让对方感到得体，这样才能够让沟通顺利地进行下去，而不是在开头就受到羁绊。在此我们应该谨记，虽然一个不合适的称呼往往不会引起对方的直接反应，尤其是对于那些修养比较好的人而言，甚至不会引起他们一丝一毫的表情变化。但是，每个人都有自己的主观意识和本位意识，如果我们给出的称呼让对方感到不悦，沟通的效果必定大打折扣。

正如旅行者自己所说，他的本意并不想冒犯老者，但是由于他没有相应的称呼意识，张口就冒犯了人。因此，我们在现实的生活和工作中必须注意，我们不想冒犯别人，并不代表我们说出的话就不会冒犯别人。

需要注意的是，我们在现实的生活和工作中遇到的人，不会都像上述案例中的老人一样，把不悦直接反馈给我们，并且在我们道歉之后随即予以原谅。更多的人表面不会说什么，却会在暗地里做一些对我们不利的事，比如在背后发出一些非议等。

如果我们在与人交往的过程中，能够充分意识到称呼的重要性，并且给出适当的称呼，让对方感觉到我们的尊重，从而让他们在众人眼中有面子，必定能够赢得对方的好感。接下来，我们的交流也能够避免冷场的情况出现，同时避免和一些人结下仇怨，为自己的未来制造不必要的麻烦。

总而言之，每个人的身份、地位、能力、性格和修养等都不尽相同，但每个人都会对自己有一个心理预期，而这个心理预期首先必然体现在称呼上。因此，当我们与一个人进行沟通的时候，首先应该弄清的不是对方是什么样的人，而是对方想要成为什么样的人。比如对方生活比较严谨，喜欢到处教导别人，那么我们就可以称他们为老师；同理，如果对方在生活和工作中都比较随意，我们就可以随意称他们为“老王”等，太严谨的称呼反而会让他们感到不自在。

具体来讲，我们应该从以下几点来注意称呼问题：

（1）职业。这是称呼中最广泛，也是最简单的参照对象，通常来讲，我们对劳动者可以称为师傅，如工人、司机和厨师等；对于知识分子可以称为老师，如教师、作家和艺术家等；对于政府机关从业人员，可以称为同志，在我国这也是最通用的称呼；而对于外国友人和港澳台同胞，则需要称先生或小姐等。

（2）年龄。比如对一些年纪比自己大的人称呼叔叔、阿姨，或者大爷、大娘等；同龄人可以称之为小哥、小姐，或者小弟、小妹等；对于明显比自己小的人，则可以称之为小朋友、小同志，或者小伙子、小姑娘等。

（3）身份。身份是一种社会地位的象征，更确切地说，是一种尊严的象征，因而在需要展现地位和获得尊严的场合，我们一定要在称呼内容中加入对方的身份特征。比如对方是某单位领导，我们应该称对方为张厂长、王主任、刘局长等；如果对方是某公司企业老板，我们应该称对方为张总、王老板、刘董事长等。

（4）场合。与上述参考对象相比，场合因素是最普遍也是最微妙的，通常需要我们把持好一个适当的度。

比如在官方场合，即便我们和对方的关系再怎么密切，都应该使用官方的称呼；而在私下场合，即便对方的身份再怎么显赫，也应该使用一些私人称呼。这里存在一个基本的原则，即我们不要按照自己的想法去称呼，而是考虑对方希望我们怎样称呼，然后就能够无往不利了。

当然，如果我们实在不知道该如何称呼对方，或者不愿意把称呼问题搞得太复杂，也可以不加称呼，但我们同样要注意礼貌。比如在对话之前，我们可以说一声“你好”，问问题的时候可以说一声“请问”，在得到对方的回答之后，无论有无价值，都应该说一声“谢谢”等。

✲ 无论如何，一定要开发出共同话题

美国历史上著名的罗斯福总统，善于开发共同话题，他的仕途发展也得益无比。最初，他只是政界的一个小人物，一次偶然，罗斯福获邀参加上流社会的活动，对此他进行了充足的准备。

可惜的是，聚会上的人他都不认识，大家也对他这个陌生来客视而不见。但罗斯福并没有打算放弃，通过仔细观察，他发现服务生是一个非常出色的人，应该经常为这些上流社会的人服务，并且对他们有一定了解。于是，他用小费赢得了服务生的好感，然后和他进行了一番交谈，从而对聚会上的大部分人有了基本了解。

接下来，罗斯福首先锁定一位教授，谎称曾旁听过他的课。由于罗斯福对教授的专业有所了解，教授立即对他产生了兴趣，二人热聊起来。很快，又有人陆续加入他们的聊天，罗斯福适地把话题转移到每个人身上，使他们都当了一把聊天主角，虚荣心得到满足。

最终，大家的目光集中到罗斯福的身上，显然他将成为下一个聊天的主角。罗斯福知道，表现自己的时候到了，于是他将自己所做的功课全部展现出来，果然赢得了大家的好感。

开发共同话题可谓罗斯福最拿手的好戏。据史料记载，罗斯福在成为总统后，总能在国际场合与他国领导人随心所欲地交谈，政

治协议的达成也总是无往不利。这正是因为他总能在交谈过程中开发共同话题，引起对方的兴趣，让对方愉悦无比。美国媒体还曾对罗斯福做出过一个耐人寻味的评论：很多人都不同意罗斯福的政见，但是不得不承认，极少有人不喜欢这位伟大的总统。

如果我们想要和每个人都能聊个尽兴，抓住一切信息来开发出共同话题就是一种很有效的方法。但这种方法并不是一劳永逸的，我们通过共同话题与对方成功攀谈，只是完成了第一步。接下来，我们还应该根据对方的信息表露，进一步深化交流程度，争取和对方产生情感共鸣。当然对于习惯低调内敛的国人来说，轻易是不会表露感情的。这就要求我们要有分步骤开发共同话题的意识和技巧，比如和对方谈工作、家庭，然后谈价值观、世界观和人生观，等到对方无话不谈时，沟通的目的也就实现了。

俗话说，人以群分，物以类聚。对于那些有相同爱好的人来说，总有谈不完的共同话题，如果是陌生人相遇，也往往能够一见如故，相见恨晚。这不禁给了我们一丝启示，如果我们能够了解沟通对象的兴趣爱好所在，即使自己对相关事物并不在行，只要表现出一定的兴趣，也必定能够拉近彼此的距离。在此，人们可能还会有一个误会，认为只有功力深厚的人才能谈论相关话题。事实上，只要我们有一点入门级的常识，就可以学习的姿态去和对方“探讨”。

开发共同话题能够迅速获取对方好感，得到对方认同，拉近彼此距离，让我们和对方的交流顺畅无比。我们要练就宽阔的胸襟、包容一切的情怀，爱屋及乌抱着学习的心态去交谈。如此才能把话说到对方心坎里，让对方产生好感，使自己成为交际达人。

第二章

学会倾听，找准话题切入点

倾听是以对方为中心的，我们在倾听的过程中必须学会把自己“放下”，然后围绕着对方展开沟通。俗话说：“说要让人家爱听，听要让人家爱说”，如何判断我们是否善于倾听呢？一个最简单的标准就是在我们倾听时对方是否正在积极表达自己的观点，并且因为我们的理解而神情愉悦。因此，学会倾听是我们提高自身沟通技巧的关键。也只有提高了倾听的能力，才能提高我们的沟通能力，建立顺畅的交流通道，最终找准话题的切入点。

✲ 用心倾听，进入对方的世界

苏格拉底是西方历史上著名的哲学家，同时也是一位举足轻重的教育家，晚年的学生人数曾一度高达数千人。一天，苏格拉底像往常一样走上讲台，手里拿着一沓厚厚的纸卷。在开始授课之前，他忽然对学生们说："今天的课不用记笔记，它的意义不在于此，希望大家认真听讲，如此必定有所收获。"

大家见苏格拉底这样说，也乐得放下手中的纸笔，一个个开始端坐听讲。然而，一直等到授课时间结束，苏格拉底仍然没有教授与以往不同的知识，甚至比往常讲解的内容更加简单和平淡。很快，苏格拉底为大家揭开了谜底，他将那沓纸卷分到每个人手里，说："正如大家所听到的，这堂课并没有什么特别。也正因为如此，大家应该听得很清楚了，但是否真得听进去了，请各位把记住的内容写在纸上。"

如此一来，学生们都抓瞎了。不要说那些上课开小差的学生，即使端坐听讲的学生，想要把苏格拉底的授课内容全部默写下来也不是一件容易的事。结果，大多数纸卷交上来之后都是空白的，写了少许内容的只有几份。苏格拉底看到最后，发现有一位学生工工整整地写下了授课的全部内容，比课堂上做的笔记都要详细。对此，苏格拉底满意地笑了，而这位给出满意答卷的学生，就是后来闻名于世的亚里士多德。

其实，貌似倾听和真正倾听的效果有着天壤之别。虽然不可能每个人都有“走马观碑，目识群羊”的本领，但是倾听过后记下多少将是检验我们是否用心倾听的重要标准。如果我们未能用心倾听，又怎能进入对方世界，进而建立顺畅有效的沟通呢？苏格拉底曾经说过：“一个真正善于倾听的人，往往也是一个善于接纳的人，而且他所接纳的不仅是对方，还有对方的智慧。”对此，我们要深以为然，并且努力学习，再到实践中去不断地验证和内化。

要想成为一名合格的听者，必须达到心耳合一的境界，光用耳朵是远远不够的，还要全身心地投入，满足对方自我表现的欲望，那就达到了无声说话的目的。每个人都是一个独特的世界，都是一道美丽的风景，只是被深深地掩藏在心灵的帐幕之后。当一个人把他成功的喜悦、失败的痛苦、人生的惆怅表白给你的时候，你用你的倾听将阳光播撒：于他的世界，你的倾听给予他的是对他失败的同情、成功的赞赏和生命能量的激发。

那么如何才能做到认真倾听，而不被对方认为你是在敷衍他？

第一，对讲话的人表示称赞。这样做能营造良好的交往氛围。对方听到你的称赞越多，他就越能充分而准确地表达自己的思想。相反，如果你在交谈中流露出半点消极态度，就会引起他的戒备，进而对你产生不信任感。

第二，全身心地投入。你可以这样做：面向说话者，同他保持目光的亲密接触，同时配合一定的姿势和手势，无论你是坐着还是站着，都要与对方保持适当的距离，每个人都愿意与认真倾听、反应灵活的人交往，不愿意与推一下转一下的“石磨”打交道。

第三，要耐心地倾听对方的问题。不要在别人说话的时候打断别人，而接着由自己发挥。这种不礼貌的行为会扰乱对方的思路，或者抢了对方的风头，因此让他耿耿于怀。时刻记住：当别人说话时闭上你的嘴，让你的耳朵保持顺畅。即便对方言语乏味，你也要耐着性子聆听。因为别人对你说的话不会感兴趣，除非他已经说完。

第四，向对方提出问题。作为一个倾听者，不管在什么情况下，如果倾听过程中，你不明白对方的话是什么意思，就应该及时用适当的话语让他知道这一点，比如，你可以向他提出问题，或者简要概述听到的内容，以便于对方纠正你听错之处。如果你什么都不说，对方怎么能知道你是否听懂了呢？在倾听对方说话的同时，别提太多的问题。问题提得太多，容易使对方思维混乱，难以集中精力。

第五，让自己的表情与对方同步。让你的表情和对方的神情一致。如果对方说出的是幽默笑话，而你却一脸愁苦，别人势必认为你在想自己的心事；如果对方讲到紧张处的时候，你屏声静气，无疑会让对方产生一种成就感。

第六，用眼睛去认真地听。倾听别人谈话时，不能只是被动地接受。除了用言语表示你的意见，还要用肢体语言反馈你的信息。眼睛也能倾听。注视着对方，表示对他的话感兴趣；若东张西望、心不在焉的样子，这就是在告诉别人你很无聊，不想继续再听下去了。

耳听八方，能让我们跟上时代的步伐；广纳群言，能让我们保持清醒的头脑；谦虚谨慎，能让我们增长知识。要做到这些，前提是要学会倾听。倾听别人说话表示敞开了自己的心扉，坦诚地接受对方、宽容对方、体贴对方，才能让彼此的心灵融通，建立起自己良好的人际关系。

投入你的感情，用心去听

一位父亲找到一位心理咨询专家，向他请求帮助：“我真的很想理解我的孩子，但他根本不愿听我的话。”

“让我来重复一下你刚才说的话。”专家回答说，“你不理解你的儿子。因为他不肯听你的话。”

“是的。”他回答说，

专家说，“你不理解你的儿子是因为他不肯听。”

“我也是这么认为的。”他不耐烦地回答说。

“我认为要理解另一个人，你必须听他说。”专家说。

“哦。”这位父亲在停顿了很长时间之后，又说了一声：“哦！”仿佛恍然大悟似的，“是这样的。不过我了解他，我知道他正在经历什么事情，我自己也经历过同样的事情。我想，我所不理解的是他为什么不愿意听我说。”

这位父亲其实一点也不知道他儿子的脑子里到底想的是什么，他只从自己的头脑里找答案，还以为看透了儿子，可是他并没有用心去聆听，又怎么能理解自己的儿子呢？

要做到用真诚的心去聆听，我们必须暂时忘掉自我意识，使自己沉浸在与对方的谈话中，要使对方可以发泄情绪，觉得自己真正被了解了，而不是被评判。有效的倾听技巧必须建立在关心他人及真心想了解他人的基础上，以下是倾听他人情感、表达关注的几个要点：

第一，正面对着你的交谈者。正面地对着一个人往往被认为是一种投入的基本姿势，它似乎是在说："我同你在一起，你随时可以得到我的帮助。"但你一边与一个人说话，一边却将身体转开，这可能会降低你与他接触的程度。"面对"一词可从字面上理解，也可以作象征性的解释，重要的是你所采取的身体朝向能够告诉对方，你正与他同在。如果正面相对使你或他有一种威胁感，那么采取一种斜角的位置也可以，关键是你的关注质量。

第二，保持良好的目光接触。两个深入交谈的人保持良好的目光接触是很重要的，这种目光接触是以另一种方式在说："我跟你在一起，我在认真地听你说的话。"当然，你偶尔将目光投向远处，对方还能接受，但是你的目光不断地飘向别处，你的行动便给出了不情愿与对方在一起或对他的事不感兴趣的暗示。

第三，经常将身体倾向对方。这是表达关注的可行方法。只要注意一下两个亲密交谈的人，我们就会发现：他们都倚靠在桌子上，向对方倾斜，自然而然地表现出关心。人们往往将轻度地倾向某人看作是"我对你所说的感兴趣"。而身体往后仰，甚至是斜靠，这可能表示："我的心没有完全在这儿"或"我有点厌烦了"。但过于前倾也有可能吓着对方。

第四，用开放的姿势倾听。双手双脚的交叉有削弱你给他人的关心感和愿意提供帮助的感觉，而开放的姿势可成为一个信号，显示出你对当事人和他的信息持接纳的态度。开放的姿势通常被看作一种非戒备的姿态。

第五，做到暂时忘我。在忘我地倾听时，我们不必搬出自己的经历，不必去想别人的想法、感情、动机和解释；相反，我们要了解的是那个人头脑里和心灵上的实际情况，倾听是为了理解，我们关注的是与另一个人心灵的深刻交流。

因此，一个善于倾听的人首先不能有像评论家一样的态度，听的一方必须面对这样的情况——就是有时候你必须要听。

不要随便打断别人的谈话

在工作之余，园园总是喜欢找同事聊天，本来聊聊天谈谈心是一件好事情，可是园园的一个坏毛病却害了自己。

有一次，园园和李姐聊明星八卦，李姐无意中提起××和××最近传绯闻了，李姐才说了两句，园园马上就打断了李姐的话：“哪儿呀，我看的杂志不是这样讲的，明明就是××和××在一起的……”

李姐见状就转了个话题，说到自己对人生的看法，可是没说两句又被园园给打断了。直到最后，一直都是园园在滔滔不绝地说，完全没给李姐张嘴的机会。可是园园却没有感觉到李姐的不快，自己的这种说话方式已经成了一种习惯，一种无意识。

后来，园园又去找李姐聊天，李姐却借故推辞了。园园很郁闷，想要改可总是改不了。

培根曾经说过：“乱插话者，甚至比发言冗长者更让人生厌。打断别人说话是一种最无礼的行为。”每个人都会情不自禁地想表达自己的愿望，可是若不去了解别人的感受，不分时机、场合地打断别人说话或抢接别人的话头，这样会扰乱他们的思路，本想要说什么都忘了，这样就会引起对方的不快，有时甚至会产生不必要的误会。

一个精明而有教养的人在和别人聊天时，即使对方长篇大论地说个不停，也绝不会插嘴，因为他知道，打断别人说话，不但是件不礼貌的事，而且什么事情也不容易谈成。

所以，要想在与人交际时获得好人缘，要想让别人喜欢你、接纳你，就必须改掉随便打断别人说话的坏习惯，在别人说话的时候千万不要随便插嘴，要做到：不要抢着替别人说话；不要急于帮助别人把话说完；不要用不相关的话题打断别人说话；不要用毫无意义的评论打乱别人说话；不要为了争论一些鸡毛蒜皮的小事而打断别人的正题。

虽然在别人说话时随便插话是非常不礼貌的，但是如果有必要表明你的意见，非要打断谈话，一定要注意以下插话技巧：

第一，当你要找交谈者中的某一人处理事情时，可以先给他做一些暗示的小动作，他一般会找机会和你说话。不过要注意的是，你不要静悄悄地站在他们身边，否则会被认为是在偷听。你可以先跟他们打个招呼："很对不起，打断你们一下。"当他们停止交谈时，你就赶快用尽可能简洁的语言说明来意，一旦事情处理完毕，要马上离开现场。

如果你想加入他们的谈话，可以找个合适的机会，礼貌地说："对不起，我可以加入你们的谈话吗？"或者大方客气地打招呼，让你的朋友或同事帮着互相介绍一下，那样很快就能打破生疏的感觉。

第二，在交谈的过程中，如果你想补充另一方的谈话或联想到了与谈话有关的情况，想立刻作点说明，这时，你可以对谈话者说"我插一句""请允许我补充一点"，然后再说出自己的意见。这样的插话不要过多，以免扰乱对方的思路，但适当有一点，则能起到活跃谈话气氛的作用。

第三，如果你不同意对方的观点，一般也不要打断他的谈话。可是若你们比较熟悉，或者问题十分严重，也可以先表示一下态度，等对方说完后再进行详细阐述。不过要注意的是，即使分歧再大，也决不能恶语伤人或出言不逊。就算和对方发生了争吵，也不能斥责、讥讽或辱骂对方，最后要友好地握手告别。

听出话中的言外之意

有人走进你的办公室，然后对你说道："我快要累死了！昨天、前天和大前天晚上，我都加班到十点钟才回家，我真的是累坏了！"你作为主管，听了那个人说的话应该可以找出这句话隐含的讯息，也许很可能有其他讯息，是你应该知道的。

那个人想要传达的弦外之音可能是这样的："我实在需要别人帮忙，我知道公司雇用我做这个工作，是希望我自己一个人做，我担心的是，如果我对你说我需要帮忙，你会认为我没有替你做好工作，所以，我不想直接说出来，我只是告诉你，我现在的工作量太重了。"

另一个隐含的讯息可能是这样的："上一次你评估我工作成效的时候，提起工作态度的问题来，并且还说希望每个人都更加努力工作，现在我只是想让你知道，我正在照着你的指示去做。"

还有一个隐含的讯息可能是："我有点担心，怕保不住工作，遭到公司辞退，所以我希望你知道，我是个多么尽职尽责的职员。"

也许还有这样一个隐含的讯息："我希望你拍拍我的肩膀，希望你这位上级主管对我说：'我知道你工作很努力，我非常欣赏你的工作态度。'"

说话者不好将自己的意思直接表达出来，这个时候需要一个聪明的听话者领会他话中的意思，这样才能将事情办妥。

倘若想要传达的隐含讯息没有人注意听，很容易就会给忽略掉，下一次再有隐含的讯息就会以无可奈何的态度表达出来，就好像有时职员向老板或人事部门申诉的原因可能不是真正的因素。真正的原因要从隐含的讯息中去发掘，可能他说出的“工作累”是觉得在那公司工作没有什么前途，或者是升迁渠道不畅通。那个职员也许没能得到肯定的回馈，但是又不好说出来，所以只好找个比较好说的原因来说，但那却不是他真正想要说的。

毫无疑问，生活中我们是需要言外之意的。在很多时候，我们说话不能太直接、太露骨了。比方说，批评人不能伤了对方的自尊；给领导提建议不能让领导觉得你比领导都能；面对别人的提问你有难言之隐，你不能说出真实原因但也得要有个台阶下；事情紧急但涉及商业机密，只有你的亲信才能明白的暗语是最好的选择……

那么如何才能做到耳听八方、眼观六路呢？以下几种方法可以帮我们有效地听出别人的言外之意：

第一，了解对方的真正意图。听出说话者的意图、期望、愿望、设想、观点、价值观等。你并不需要同意或接受这些概念、观点或者价值观，而是要尽力去理解它，这样才能为下一步交谈做好准备。

第二，仔细揣摩对方语言。同样的话对于不同的人来说有不同的含义，要尽力揣摩这些话的隐含意义。在瞬息多变的世界里，同一词语在48岁的父母和16岁的儿子眼里有区别，在50岁的老师和11岁的学生眼里同样有差异。如果沟通双方没有以同一方式理解，那么同一话语就会呈现出不同含义。

第三，倾听非语言暗示。手势、腿部动作、声调、眼神、面部表情这些都是非语言信息，它们构筑成信息传递的一个重要组成部分。仔细观察、倾听和谨慎评价你面前的这种信息，用眼睛“听”（也就是观察非语言信息）和用耳朵听同样重要，尽管市面上有大量阐述身体语言的书籍，但是要谨慎对待，可能有些作者已经告诉你点头表示同意，但并不是所有场合都是这样，现实中必须根据文化背景和个人风格来理解身体语言和其他非语言沟通。

第四，要观察对方的表情。交谈大多时候是通过非语言方式进行的，那就要求你不仅要听对方的语言，还要注意对方的表情，比如看对方如何同你保持目光接触、说话的语气及语调、语速等，还要注意对方站着或坐着时同你的距离，从中发现对方的言外之意。

所以，对于听话的人来说，要从中摸索对方脉搏，诊知他人心理，确实要有一定修养，掌握一定方法，积累一定的经验，学会透过表面现象寻求心理实质，这样才能不为表面现象所迷惑，误解别人的真正意思。

第三章

注重表达是为了得到更好的回应

很多人在修炼自己的沟通术时，都会关注自己的表达技巧，以至于他们总是错误地认为，只要自己说得痛快别人就能听明白。其实，真正高明的表达目的是为了建立良好的沟通渠道，是为了让对方给出积极的回应，从而得到预期的沟通效果。如果不能做到这一点，那么不管我们的说话技巧有多么高超，都将是毫无意义的。

✿ 表达精准，才能让对方正确会意

《红楼梦》第三回讲到林黛玉丧父后进京城，小心翼翼地初登荣国府时，王熙凤的几段话就展现了她“会说话”的超凡才能。人未到，却先听其笑，先闻其声：“我来迟了，不曾迎接远客！”尚未出场，就给人以热情的感觉。

随后王熙凤拉过黛玉的手，上下细细打量了一回，仍送至贾母身边坐下，笑着说：“天下竟有这样标致的人物，我今儿算见了！况且这通身的气派，竟不像老祖宗的外孙女儿，竟是个嫡亲的孙女儿，怨不得老祖宗天天口头心头一时不忘。只可怜我这妹妹这样命苦，怎么姑妈偏就去世了！”

一席话，既让老祖宗悲中含喜，心里舒坦，又让林妹妹情动于衷，感激涕零。而当贾母半嗔半怪说不该再让她伤心时，王熙凤话头一转，又说：“正是呢！我一见了妹妹，一心都在她身上了，又是喜欢，又是伤心，竟忘了老祖宗。该打，该打！”

俗话说：“到什么山上唱什么歌。”这句话的意思就是要根据说话对象的不同，采取不同的表达方式，否则，就容易制造对立，带来麻烦。王熙凤就是很懂表达的人。

在交往中遇到不同的人要说不同的话，以迎合对方的心理，从而博得对方的好感，只有这样，才有可能达到自己的目的。

人际交往中，每个人都有自己的个性、自己的情感和不同的成长环境，所以在人际交往时他们所体现的方式自然也就不同。因此，面对不同的交际对手，应该使用不同的应对方法，正所谓射箭要看靶子，说话要找准点。

在现代社会里，仍然不乏这类“会说话”的人。他们身处不同的社会环境，从事不同的职业，在这方面都有不俗的表现。

每个人都应该掌握与不同对象谈话的技巧，才能做到听得清楚，说得明白。大致来说需要做到以下几点：

第一，在与比自己社会地位高的人谈话时应保持尊敬。我们在与这些人谈话的时候，态度上要时时表现出尊敬，对方讲话时要全神贯注地听，不要随意插话，除非他希望你讲话；回答问题要简洁适当，尽量不讲题外话，更不能答非所问；说话自然，不要显得紧张。要显出你自己也是尊重自己的，不应该做一个“应声虫”，若你只是一味说“是”，那么你的话就可能会使别人不悦。

第二，在与长辈谈话时我们应保持谦虚的态度。长辈和晚辈说话时常说：“我走过的桥比你走过的路还多。”这有一定的道理，长辈接受的新知识虽然比后辈少，可是无论怎样，其经验还是要丰富得多。因此，在与长辈谈话时，应该保持谦虚的态度。

第三，与后辈谈话应沉着稳重，但不可倚老卖老。因为后辈的思想虽然超前，但就某些方面的知识来说他们还远不及自己，因此，你在与他们交谈中也无须降低身份。同时与后辈谈一些他们感兴趣的事物，让他们相信你是从他们的立场来看待事物的，让他们明白你也有与他们一样的观念，这样谈话就能很顺利地进行下去了。

第四，与地位低于自己的人谈话应庄重。我们在与一个地位低于自己的人谈话时，应该表现出庄重、和善的样子，要让对方觉得自己对其所说的话感兴趣，避免露出“支配者”的面孔。比如，在和下属谈话时可以夸奖他的工作出色，但切忌讲话太多，也不能太显亲密。

以上四点可以让你在说话上更上一个台阶，生活在这个复杂的社会，我们应该学会见什么人说什么话，到什么山唱什么歌。言语得当不仅是针对具体的人，还要看在什么时间、什么场合。

古代思想家邓析说：“夫言之术，与智者言，依于博；与博者言，依于辩，与辩者言，依于要；与贵者言，依于势；与富者言，依于豪；与贫者言，依于利；与勇者言，依于敢；与愚者吉，依于说。”邓析的话归结到一点，就是在说话的时候面对不同的对象和对象的不同情况要采取不同的对策，“知己知彼，百战不殆”也是这个道理，说话也一样，在开口之前必须先了解对方，然后针对不同的对象采取不同的会谈技巧，只有这样才能把话说到别人心里去。

让对方听懂你的话

有一位单身男士租住在一间小公寓，他多数情况下，一日三餐都在外面吃。有一天，他抽空来到高科技展览会参观，突然，一位讲解员把他拉到一个产品前介绍道：“请您来看看我们最新推出的一款机器人厨师，它是中国最好的，配有世界上最先进的P4芯片，里面存储了8万种菜谱。它拥有两箱三灶，并有无线遥控功能。这个机器人厨师由美国著名机械师亨利设计，外壳使用FA材料制作，功率只有800瓦，售价是58 800元。然而，现在只售38 800元。不知先生是否有意愿购买一款呢？”

这位男士在听完讲解员小姐热情的讲解后，面无表情地转身去了别处，在他离开展会时已然完全忘记了讲解员的那些讲解。

为什么这段沟通没有打动这位男士？首先，讲解员说的话并没有使这位男士感兴趣。他单身一人，并不需要家庭厨师，因此，无论这位家庭厨师多么先进，都和他没关系。其次，这位讲解员讲述时运用专业词汇较多，这位男士听不懂，他不知道P4芯片，也不了解三箱两灶，当然更不知道FA材料。对于一个自己既没兴趣也没搞懂的东西，他怎么会购买呢？所以，仅有产品知识还不足以让这位讲解员与客户进行有效沟通，客户听不懂的产品知识需要讲解员或者销售员把它转化成客户听得懂的语言。

毋庸置疑，我们每个人都有自己独特的成长历程，比如教育背景、区域文化、家庭氛围等。进入社会以后，我们所从事的行业也会有所不同，尤其是一些专业性比较强的行业，业内人士在进行沟通时，外行人根本就插不进话。同时，年龄也会成为一定的沟通障碍，有时候同龄人之间一个眼神就能明白的事情，对不同年龄段的人解释半天也许还是不明白。对此，我们就要抓住关键性的一点，那就是说别人能听懂的话，从而确保沟通渠道的畅通。

其实，对于一位沟通高手来说，能够让所有人听懂自己的话，正是其必要的修为和主要的体现。在著名作家当年明月（石悦）的《明朝那些事儿》出现之前，历史被人们视为晦涩难懂的事物，寻常百姓对于历史的兴趣只限于一些有趣的野史，即使是一些高级知识分子，同样对历史细节望而却步。但是当年明月却用最通俗的语言，将晦涩难懂的历史写得趣味横生，以至于全国男女老幼都对明朝历史耳熟能详。我们在进行表述之前，也应该时刻谨记一点，那就是我们应该追求的不是精妙的语言，而是对方能够听懂的语言。

对于表述者来说，如果他的语言能够让对方听懂，那么即使非常粗俗，同样可以称之为好语言。唐朝著名诗人白居易每作完一首诗，总是读给大字不识的老妇人听，一直修改到她们能够听懂。

此外，在我们的日常生活和工作中，同样的一个想法，通过不同的表述方式说出来，给人的感觉也可能天差地别。比如想要得到对方的帮助，我们可能会说："你可真是个大懒虫，难道就不能帮我一下吗？""估计你从来不帮助别人吧？你能不能为我着想一下，给点帮助呢？""我现面临的情况很糟，你能受累帮助我一下吗？"以上种种，都可能是我们曾经说过的话，如果我们说话后没有收到自己的预期效果，就要进行一番认真思考了。应该说，上述任何一种表达方式的目的都是希望能够得到对方的帮助，但是却忽略了得到帮助的前提，就是让对方领略自己的真实意思。

比如“你可真是个大懒虫，难道就不能帮我一下吗？”这样的话多数出现在比较熟悉和亲近的人之间，但是话一出口，对方接收到的信息肯定是自己被责备为大懒虫。对此我们应该反思，如果对方是一个陌生人，即使得到对方一点小小的帮助，也会说一声谢谢，为什么对熟悉的人，反而要首先给出一个恶评呢？在这种情况下，如果对方选择拒绝提供帮助，我们又能怪谁呢？相反，如果我们能够这样表述，即“我现面临的情况很糟，你能受累帮助我一下吗？”对方首先接收到的信息，就是我们最想要传递给对方的信息，加上后面的祈使句，达成预期结果的概率会大幅增加。

至于如何让对方准确领会自己的意图，我们还可以利用“比喻”的技巧。比如某客户不懂网络技术，程序员却要向他解释静态网页和动态网页的区别，如果程序员专业术语不断，自然便于自己表述，却会造成对方的理解障碍。而如果程序员能够巧用比喻，说：“静态网页相当于雕版印刷，做好之后只能展示一版信息，要展示不同的信息，就要重做；而动态网页相当于活字印刷，一版展示完之后，还可以进行自主调整，进行第二版展示，如此无限循环使用。”这样，就算客户对互联网技术丝毫不懂，也能够轻松了解两者的区别。

总而言之，沟通渠道的畅通要建立在对方信息接收渠道畅通的基础上。因此，我们进行表述时候，应了解对方的语言文化、讲话习惯和专业知识等，确保能够让对方准确理解自己所说的话。

试着转换自己的立场

一次，某培训机构邀请国际专业老师前来授课，恰逢该专业老师的司机兼助手临时请假，专业老师只好坐公车前往。

从公交车上下来后，专业老师晕头转向，林立的高楼大厦让他连方向都分不清。无奈之下，专业老师只好打电话给培训机构客服，对方一听是专业老师，不敢怠慢，立即回答道："你从朝阳大厦往东拐，过两个红绿灯往南走，500米左右有个停车场，停好车后，您再顺着白云南路往北走，过了建国桥后，就能看到东方大厦了，我们在D栋1702。"

专业老师听得云里雾里，但是身怀沟通之术的他并不烦恼，而是面不改色地说："不好意思，我的方向感不是很强，基本上算是个路痴，请问你能不能从我的角度出发，把路线说清楚。另外，我是坐公交车来的，我现在的具体位置是朝阳大厦站。"

客服人员立即转换了思考角度，换了个方法对专业老师说："哦，这样啊。您下车之后往左拐，顺着公路一直往前走，看到第一个十字路口后，往右拐。300米左右，您能看到一家冰激凌店，再往前走几十米，就能看到我们公司的巨幅Logo了，我放下电话就去楼下接您，一会儿见。"

专业老师放下电话，露出了以往的从容，微微一笑后，按客服的指示路线出发了。

由此可以看出，从我们的主观角度来说，也许认为自己表达的信息很准确，甚至已经足够简练了。但实际上这只是我们自己的看法，出口的信息能否让对方感觉清晰简洁，完全是另外一回事。如此一来，就要求我们必须学会换位思考，要尽量了解对方是怎么想的，而不是一切从主观出发，自以为是地想当然。正如案例中所述，客服人员第一次指路是站在自己的角度思考和讲述问题，而第二次站在对方的角度描述，效果有天壤之别。

了解对方的心思，首先应该关注对方的目光变化，具体来说就是他们在看哪。俗话说，眼睛是心灵的窗户，是一个人内心世界最直接和真实的反映，如果我们能够时刻盯紧对方的目光变化，哪怕只是知道他们在看什么，也能够得到有力的判断依据。比如在交谈过程中，对方总是一个劲儿地看表，这就说明了一个很简单的问题，那就是对方一定在赶时间，隐含的深意就是对方有更重要的事情去做。这个时候，如果我们仍然不识趣地滔滔不绝，最终的效果可想而知。

美国汽车大王福特曾经说过这样一句话："假如有什么成功秘诀的话，那就是设身处地地替别人着想，了解别人的态度和观点。"这样做不但能够有效地与对方沟通，而且还能更清楚地了解对方的思想轨迹以及其中的"要害点"，瞄准目标，击中"要害"，使你的说服力大大提高。

卡耐基有一次租用某家饭店的大礼堂来讲课。有一天，他突然接到饭店通知，说租金要增加三倍。卡耐基便去和经理交涉，他说："我接到通知有点儿震惊，不过这不怪你。如果我是你，我也会那样做。因为你是饭店的经理，你的职责就是尽可能地使饭店获利。"

紧接着，卡耐基为经理算了一笔账：“当然，将礼堂用于办舞会、晚会会获得大利。但是，你撵走了我，也等于撵走了成千上万有文化的中层管理者，而他们光顾贵饭店，是你花多少钱也买不到的活广告。那么，哪样更有利呢？”

就这么几句话，饭店的经理就被他说服了，决定不再涨价。

卡耐基的成功说服在于一句关键的话，当他说“如果我是你，我也会这样做”时，他已经完全站在了那位经理的立场上。接着，他又站在经理的角度上算了一笔账，抓住了经理的诉求——赢利，最终使得那位经理心甘情愿地把天平的砝码加到了卡耐基这边。

可见，面对不易说服的人，最好的办法就是使对方认为你与他是站在同一立场上的。站在他人的立场上分析问题，能够给人一种为他着想的感觉，这种投其所好的技巧往往具有非常强的说服力。

一般来说，当你和要说服的对象较量时，双方都会产生一种防范心理，特别是在危急关头。这时候，要想成功说服对方，你就要注意消除对方的防范心理。那么，如何消除呢？从潜意识层面来说，防范心理的产生是一种自卫，也就是当人们把对方当作假想敌时产生的一种自卫心理。而要想消除这种防范心理，最有效的方法就是反复给予暗示，向对方表示自己是朋友而不是敌人。这种暗示可以采用各种方法来进行，比如嘘寒问暖、给予关心、愿意给予帮助等。

有一次，一个出租车女司机把一个男青年送到指定地点后，对方掏出尖刀逼她把钱都交出来，她交给歹徒300元钱，说道：“今天就挣这么点儿，要嫌少就把零钱也给你吧。”说完又拿出20元零钱。歹徒看到出租车司机这么爽快，有些发愣。女司机趁机说：“你家住哪儿？我送你回家吧。这么晚了，家人应该等着急了。”

这个歹徒见司机是个女子又不反抗，便把刀收了起来，让女司机把他送到火车站去。女司机见气氛缓和，就不失时机地启发歹徒说：“我家原来也是特别困难，咱又没啥技术，后来就跟人家学开车，干起了这一行。虽然钱挣得不算多，可是日子过得也还不错。何况是自食其力，穷点儿谁还能笑话我不成！”

看到歹徒默不作声，女司机继续说：“唉，男子汉四肢健全，干点儿啥都差不了，走上这条道一辈子就毁了。”火车站到了，见歹徒要下车，这女司机又说了：“我的钱就算帮助你的，用它干点儿正事，以后别再干这种见不得人的事了。”

一直沉默不语的歹徒突然哭了，把320元钱塞到了女司机的手里，说：“大姐，我以后饿死也不干这种事了。”说完，低着头走了。

这位女司机在整个说服过程中始终没有考虑自己的危险，而是一直站在歹徒的立场上，为歹徒考虑，最终打动了歹徒，达到了说服对方的目的。

如果你在与别人交谈时，话语里的意思都是为对方考虑，那对方又怎能不感动？又怎能不被你打动呢？

不要忽略沉默的价值

一家业务快速扩张的公司因为需要全新的计算机系统，为一笔50万美元的计算机工程招标。在众多投标公司中，一家投标公司的产品介绍可以说是完美无瑕，比如，了解客户的需求、产品的分析与介绍很到位，也建立了良好的互动关系。

有一天，双方一同讨论是否采用这家公司的提案。由于买方公司的老板自己年轻的时候也是做业务起家的，所以他很好奇，这家投标公司的业务代表要怎样说服他签下这笔50万美元的生意。这位老板找来相关决策人员，而对方也带来了他们公司的智囊团。

会议一开始，这名投标公司的业务代表就详尽地介绍了提案的内容，包括产品如何安装、有哪些重要细节、售后服务的范围、产品咨询等，种种资料都准备得十分周详，而且他还详细地说明了产品的报价，以及这个报价包含哪些内容。最后这名投标公司的业务代表说："如果您喜欢这个提案，只要您签下这份合约，我们可以马上安装产品。"

说完，这名业务代表就在合约签名处打了一个勾，把笔放在合约书上，然后把整份合约连同笔一起递给买方公司的老板。

这位老板当然知道对方在玩什么把戏，心想："不过是沉默成交法嘛！"所以，他只是默默坐着，看着对方微笑。

于是，这位老板跟这名业务员相对无言地看着对方微笑，就这样，双方一动也不动，一句话也没有说，时间仿佛有一个世纪那么长，显然双方都是有备而来的。

大概过了15分钟，这位老板笑着拿起笔，签下了这份合约。这时，两个人都笑了起来，旁边的人也都笑了，生意也谈成了。

从上面这个案例可以看出，话并非越多越好，有时候，“沉默”就是你最强的武器。在生活中，我们往往以为只有口若悬河、妙语连珠才算是口才，于是我们总是想着在沟通的过程中以绝对优势压倒对方，但是，有时学会沉默，反倒能起到更好的沟通效果。

说话是人类的一种本能，不管是面对任何人、任何事，也无论我们说的话是否有意思，说话通常会成为我们习惯性的反应。因此，沉默反而成为一种难得的做法，我们也总是不自觉地忽略其重要性。我们在现实的生活和工作中，也应该注意沉默的重要意义，有些事情确实需要积极表述，但也有些事情需要我们保持沉默。

对于大多数人来说，学会说话往往只需要一年，而学会沉默却需要一生。很多时候，“话到嘴边留一半”，已经是非常难得的修为，沉默成为大多数人的一种奢望。对此，我们必须进行深思，沉默很多时候意味着思考，而思考往往能够让我们做出更准确的判断，以及更恰当的应对。有些时候，我们用沉默来表达自己的想法，能够收到的效果比长篇大论来得更有效果。所以，作为一名优秀的表述者，我们一定要掌握“此处无声胜有声”的艺术，确保自己的表述中为沉默留有一席之地。

在与人沟通的构成中，如果对方忽然沉默不语，我们该怎么办呢？是连珠炮式的不断发问？还是视而不见，继续陈述自己的想法，妄图对方就范？这样的做法虽然在现实的生活和工作中比较常见，却并不是一种明智的做法，最终只能让事情向着更糟糕的方向发展。相反，如果我们能够随之沉默下来，或者为对方送上一杯水，或者为对方拉来一把椅子，或者陪对方静静地审视和思考，从而让对方感觉到我们的持续热忱，又没有操之过急或操之过度，一定能够让对方感到轻松和愉悦，从而有助于我们收到理想的沟通效果。

有些时候，我们与人沟通不小心进入了误区，保持沉默也是一种平复情绪的选择。这就像一堆干燥的柴火已经被点燃，如果我们继续争论下去，就等于往火上泼洒燃油，结果只能让火势瞬间发展到失控状态。而如果我们能够停止争论，保持沉默，则等于往火上泼洒清水，很快就可以把火苗扑灭，至少也能够让火势得到控制。比如我们与某人的观点不一致，并且发生了激辩，就可以保持十足的理智说："不如我们先冷静一下，想清楚了之后再继续谈，或者先谈谈其他环节和内容。"这样一来，不仅能够阻止事态继续恶化，还能够给自己留出足够的思考时间和其他选择。

除此之外，事情还可能会发展到一种"怎么做，怎么错"的地步，比如沟通对象完全以反对我们为目的而进行反对。这个时候，沟通和交流将会失去任何意义，沉默反而能够更加有力地表达我们的立场和态度。再比如我们犯了错误，在承认和道歉之后，往往会为了挽回一点面子，而进行无谓的辩解。这样的做法显然也是不理智的，既然做错了事情，并且已经道歉，沉默就是最好的选择，企图沟通至少要等到对方情绪平复之后。并且对于我们来说，这样的沉默也是一种态度，更是一种风度。

总而言之，只要语言表现出无力，我们就应该想到沉默。或者说，沟通的目的是建立交流，而不在于是否有语言交流，如果沉默能够达成所愿，语言又何必出口。想得太多，人生会陷入僵局；说得太多，沟通会陷入困境，如果能够获取预期结果，又何妨念一句“沉默是金”。

第四章

率先发问才能把握先机

俗话说："会说的不如会听的，会听的不如会问的。"一个善于提问的人不仅能够引领话题的走向，让谈话始终围绕自己关心的主题，而且能够让对方产生兴趣和好感，最终得到自己预期的结果。一个善于发问的人往往兼具了说和听的本领，他们懂得先放下自我，听懂别人的真实想法，再找到最合适的机会出口。在现实的生活和工作中，当我们把说和听的功课完成后，接下来需要修炼的就是问。

✲ 手起问题，斩落答案

王大爷去超市买水果，来到第一家摊位前挑挑拣拣，好像心思并不在眼前的水果上。摊主见了以为王大爷无心购买，连正眼都没有瞧一下，只顾着为其他人服务。王大爷看看摊主正在忙碌，不好意思上前麻烦，只好离开。

来到第二个水果摊，售货员主动询问："大爷，来买点水果啊。"

王大爷说："我想买点桃子。"

售货员说："您算来着了，我这里的桃子都是最新鲜的，又甜美又多汁，您尝尝。"

王大爷却低头拿起了较为青涩的一个品尝，感觉不是很满意，但还是勉强挑了几个。上秤一称，不过一斤多点儿，售货员的脸色也不怎么好看。

他又来到第三个水果摊，售货员热情地攀谈："大爷，您想买点什么水果？"

王大爷说："我想买点桃子。"

售货员看了王大爷手里拎的桃子，说："您想吃点什么口味的呢？"

王大爷说："我想要点酸的。"

售货员说："您怎么喜欢酸桃子呢？"

王大爷说："我儿媳妇怀孕了，她想吃酸的，医生建议我买点桃子给她吃。”

售货员说：“哦，原来是这样，我帮您挑吧。”

说着，售货员为王大爷挑了满满一袋酸桃子，上秤一称，足足有五斤。售货员继续说：“大爷我跟您说，孕妇吃桃子肯定没问题，但吸收起来比较慢，基本上只能由大人吸收。如果您想让胎儿也跟着吸收，最好来点猕猴桃，而且这种水果熟透了之后也带着酸味，很好吃。”

王大爷一听，自然乐得照搬，于是售货员又为他称了五斤猕猴桃。

由此我们可以看出，作为一名倾听者，我们要尽可能从表述者口中挖掘有价值的信息。但并不是所有表述者都愿意主动开口，因此我们必须要有主动询问的意识，然后根据对方反馈的信息做出准确判断。正如案例中所述，第一个售货员执着于自己的判断，对王大爷不说不问，失去了一位顾客。第二个售货员只说不问，最终只卖出有限的商品，双方的沟通氛围也不是很融洽。第三个售货员则又说又问，不仅成功卖出了商品，而且根据王大爷反馈的信息还卖出了其他商品。

不难想象，如果交流只是单纯地一个人说，另外一个人听，将是多么的索然无味！双方的内心世界将如同两条平行线，永远不会有相交的可能，预期的沟通目的也势必难以达成。相反，如果我们能够问出对方所想，就能够将沟通有效地引入正轨，尽早达成沟通目的。更重要的是，提问能够让沟通双方的思维产生交集，并且碰撞出美妙的火花，让双方的交流处于实质阶段。在现实的生活和工作中，很多好的建议都来自发问，甚至可以说，如果没有发问，就没有真正的沟通。

胡适先生曾经说过："学问学问，不光要学，还要会问。"无论是面对生活还是工作，提问都能给我们的思路注入新活力，很多具有发散性和建设性的想法往往都来自发问。比如一个学生如果能一个劲儿地发问，说明他非常热衷于思考，其进步也必然是最快的；再比如一位老师，如果他能不断向学生发问，尤其是一些不常提出问题的学生，很可能会开发出一个有价值的教学点；又比如追求女孩子，抓住每个可以向对方提问的机会，实际上就等于抓住了了解对方和接近对方的机会。

当然，我们学习发问技巧，也要在提问中努力弄清自己所处的状况，很多时候提问能够防患于未然。这是因为，人们总是热衷于根据自己的经验对事物进行判断，有时候甚至听不进别人的不同建议。直到结果出现，我们才发现与自己预想的大相径庭，然而已经悔之不及。一个聪明的沟通者不会对任何事物进行主观臆断，甚至不会轻易进行主观叙述，而是把提问习惯性地挂在嘴上，在得到自己想要的答案后就闭口保持缄默。

提问是打开交谈之门的好办法，在问话时最好是问对方知道的问题或最内行的问题，不能没有边际地乱问，那样只会起到相反的作用。以下是提问的几种类型，我们可以参考一下。

第一，一般提问。这个提问是最大众化的，可以用在任何场合，这种提问方式可以调动对方回答问题的积极性，如果能配以赞许的笑容，效果就会更好。

第二，选择提问。提问要有所选择，在提问的时候不要提出对方不能或不愿作答的问题，一开始提问时不要限定对方的回答，也不要随意搅乱对方的想法。

第三，真诚提问。这种提问主要体现在个人表现方面，在提问的时候不能故作高深、盛气凌人、卖弄学识，要给人以真诚和信任的印象，形成真诚信赖的心理感和交谈气氛，交谈才能正常愉快地进行。

第四，因时提问。提问要看时机，说话的时机也就是说话的环境，包括两人所处的自然环境、社会环境、语言环境和心理环境。

第五，因人提问。人有男女老幼之分，有千差万别的个性，有不同的工作岗位和生活环境，以及不同的知识水平和社会阅历，所以提问必须以对象的具体情况为准，对象不同，提问的内容和方式自然应有所区别。

第六，适当提问。提问要讲究得体，便于对方回答。提问能否得到完满的答复，很大程度上取决于怎样问。适当地提问能使人明知其难也喜欢问答，当我们需要对方毫不含糊地作明确答复时，适当提问是一种较理想的方式。

以上是一些交谈中的提问方式，我们可以在说话中灵活运用。提问是打开对方话题的金钥匙，提问要形象、贴切，不可生搬硬套；提问是主要的，说明问题是次要的，说明问题是为提问服务的。

✲ 直指人心，一语问出结果

日本寿险业著名的“推销之神”原一平是一个提问高手，他能用提问的方式很快打破尴尬的局面。

有一次，他去拜访一家建筑企业的董事长渡边先生。可是渡边先生并不愿意理会原一平，见面就给他下了逐客令，但原一平并没有退缩，而是用了一个巧妙的提问：“渡边先生，咱们的年龄差不多，但您为什么能如此成功呢？您能告诉我吗？”

原一平在提这个问题时并不是心不在焉的，而是语气非常诚恳，脸上表现出来的样子跟他心里想的一样，即希望向渡边先生学习到其成功的经验。

面对原一平的求知渴求，渡边不好意思回绝。于是，他请原一平坐在自己座位对面，把自己的经历向他讲述。没想到这一聊就是三个小时，而原一平始终在认真地听着，并在适当时候提一些问题，以示请教。

直道谈话的最后，原一平也没有提此次来的目的，而是对渡边先生说：“我很想为您写一份有关贵建筑公司的计划，可以吗？”此时渡边已经被这位诚心求教的人打动了，自然点头答应。

原一平花了整整三天三夜，把一份建筑公司计划书做了出来，这份计划书内容非常丰富，资料翔实，而且建议也非常有价值。

渡边先生依照原一平的这份计划书，结合实际情况具体地操作了起来，结果效果显著，业绩在他们见面的第三个月后提高了30%。渡边非常高兴，把原一平当成了最好的朋友，也为原一平今后的发展提供了很好的帮助。

当与对方发起交谈时，把你谈话时间的99.9%都用在提问上，而不是用来说自己，这就是打开话题的金钥匙。千万不要没完没了地谈你自己的事情，除非你极其有把握，知道谈比不谈更好。因为在很多时候，对方对你或你的事情根本就不关心。

很多人一说到提问就会想到警察或者交警之类的，这是对提问的误解，其实我们在日常生活中经常用到提问，如买东西、看病等，但是我们真的会提问吗？在对话过程中，发问的技巧很重要。对不同的人可提不同的问题。

如果你面对一位医生，想要向他了解一下最近的病情，而你在医学方面完全是个门外汉，你可以说："近来乙型肝炎好像又开始流行了，你们大概又忙于给大家打预防针吧？"这个问题既是大家关心的，又是对方的分内工作，经你一问，对方的话匣子便能打开了。由此可以接着谈下去。从乙型肝炎的症状谈到饮食卫生，这样就可以一直追着与他谈下去，这样的谈话大家都是很愉快的。

在谈话过程中要注意表达出你的感情，特别在提问方面更要用心。如果注意的话，你完全可以通过富有同情和理解感的问句调动对方的情绪。要达成这样的理想状态，首先要做的，就是站在对方的立场发问。

有位先生向来很晚才回家，有一天没有加班，他早早地回到了家中。妻子有些惊奇又有些埋怨地说："啊，已经回来啦，我还没准备晚饭呢。今天怎么这么早呢？"

这怪怪的语气让丈夫有些不爽："你这说的是什么话？以前回来得晚你要埋怨，今天早早回来了你还埋怨！"妻子听丈夫的口气，心里也变得不高兴了："这该问你自己怎么回事才对。明明总是晚回来，偶尔早回来一天就好像给了多大恩情似的。"两个人就这样吵了起来。

其实只要试着站在对方的立场上问两句，糟糕的状况完全可以避免。丈夫可以这样表达："今天太难得了，好不容易早回来一天，惊喜吧！"或者，妻子可以这样说："啊呀，今天回得真早呢，还没吃饭啊？现在做饭可以吗？要不今晚咱们出去吃点？"如果两人能够把对方要说的话当作自己提问的内容，那么相互间都会有所让步的。这种表达同情和理解的提问方法最能深入人心。

✼ 多问一句，获得更多信息

乔先生想要买一条吊带裤，他走进一家专卖店。当时他的头脑里就想着一件事：一条吊带裤。他没有想过要买别的东西。

那天是周六早晨大约九点，商店刚刚开门。乔先生就走进专卖店，对着柜台旁边的小伙子说："我要买一件吊带裤。"小伙子很友善地回答了一句："嗯，好的，先生，请您到那边。"

于是乔先生过去，看到那边挂着一溜的吊带裤。他看了看，选了一条，然后回来了。小伙子问："您准备如何付款？"乔先生把信用卡拿出来，递给了那名小伙子，结了账之后，乔先生走出了店门。

整个购买过程没有发生任何其他的事情，乔先生与小伙子几乎没有进行真正的交流。随后，乔先生沿着街角走了一段路，转到了一座电器城，他突然想起来自己需要买一个20元的闹钟。他知道自己需要什么，并将需要牢记在心：20元的闹钟。

一个年轻的女孩站在门口，一见乔先生就迎了上去，对乔先生说："您好，先生，欢迎来到电器城。"

乔先生点头说："嗯，你好。我需要一个闹钟。"

"闹钟，"她说，"太好了。我们这有很多品种供您选择。"她指给乔先生看，然后问："先生，我能问您一个问题吗？"

乔先生点头道："可以。"

女孩说：“为什么您决定今天购买呢？”

乔先生告诉她，“我的新房子里缺少闹钟。”

“啊，原来如此，那么，真的要恭喜您了，乔迁之喜，可不能马虎。顺便问一句，您有电视机吗？”乔先生意识到自己还没有电视机。于是女孩带着他去看了电视机。

接着女孩又说：“顺便问一句，您有音响吗？”乔先生意识到自己还没有音响。于是女孩又带着他去看了音响。

女孩还问了乔先生一些其他的问题，因此，也带乔先生去参观了更多的东西。最终乔先生花了3000元，带着自己的闹钟走出了商场，当然，还有一些其他的东西。

注意以上两个销售员的差异。电器商场的销售员引导了会谈的进程——她围绕“那天为什么去商场”这个话题，与乔先生攀谈起来。

而男装专卖店的销售员未曾主动攀谈，没有问乔先生为什么到这里买衣服，虽然他的业务也成功了，只不过他的收获比较小。

而电器销售员基于乔先生的实际行为提了一个重要的问题，因此使得她的销售引向深入。浅层沟通流于表面，获得的信息量太少，只有深入地沟通，才能给发问者带来更多信息，更多利益。

假设你现在与一家会计公司合作，一天你接到了他们的电话。客户在电话里说：“我要找一种绿色的特殊用具。”你的目标不应该是简单地完成这个订单，你的任务还包括获取更多的客户信息，因此你应该问他：“为什么要绿色的呢？”由这个问题生发出去，可以收集更多的客户信息，能帮助你赢取更多的机会。

用问句引导对方说下去

秦先生是一位培训师。每次有客户找他，他就会问对方："我很疑惑。我知道您想要做销售培训，但是您为什么想到要做培训呢？"

客户们常会这样说："我们想提高销售业绩。"

秦先生则会说："您希望做销售培训是因为想提高销售业绩，但是您是怎样得到这个结论的呢？您为什么认为销售培训就是解决问题的好途径呢？"

这样的问话听上去好像要自断后路似的。实际上，秦先生从客户对问题的回答中可以获得大量的信息。通常，他可以从中发现客户是否与竞争对手有过沟通，这些竞争对手是谁，为什么客户决定不与那些竞争对手联系而求助于自己。

请注意这种深入沟通背后的奥妙：当秦先生向客户提那些看似自掘坟墓的问题时，客户经常会自愿透露有关存在哪些竞争对手及为什么与这些竞争对手沟通的原因等方面的信息。如果是你，你难道不想获知有关竞争对手的信息吗？

日常对话中，人们经常担心自己的喋喋不休会使听众感到厌烦。但想要获得信息，你必须让对方多说。探测性问题恰好针对人们这种不愿深入细节的倾向，鼓励对方提供更为多元化的答案，并对之进行详细的说明。

当被访者的叙述不够清楚时，可以运用探测性问题澄清你所获得的信息。当某个板块的信息出现缺失，你也可以运用探测性问题让被访者予以补充。这样可以有效保证所获信息的完整性。

通常，探测性问题的表述形式十分程式化，一样的问题可以用在不同的访谈当中，至于究竟选择哪一种表述就要看谈话的具体情境，探测性问题的表述一定要与当下的情境意义相符。

如果有人对你说“我去了商场”，你不要问：“你能给我举个那样的例子吗？”而应该问：“接下来发生了什么？”探测性问题的表述一般不构成真正的问题。它们简单、短小，只要与被访者所说内容相协调就可以了。

探测是想让被访者就其刚刚说过的内容进行更深入细致地解释和阐述。你既可以在同一个访谈中追问，也可以在后续访谈中再追问，但你必须当场就决定是否“探测”。在一场访谈中，开始阶段所做的探测要比末尾阶段多。

探测性问题将告诉被访者，你所寻求的回答应具有什么样的深度。当你询问那些不明白的关键概念时，被访者就会明白，他们需要向你解释某些技术术语、缩写概念甚至流程，这些对他们来讲都很平常，但像你这样的外行人可能就不知道。

虽然探测性问题在鼓励被访者说话方面有着非常积极的作用，但我们仍然要注意尽量控制探测性问题的数量，以避免让对方显得唐突。如果可能，保持几秒钟的沉默，等被访者继续，但这通常很难做到，很多提问者都担心冷场会带来不好的感受，影响谈话的继续进行。如果你不善于使用短暂沉默的技巧，那么也可以通过点头或其他举止暗示对方：“再多讲点！”只有在相当确定某信息非常重要的情况下，才去探问那些缺失的信息，或者要求对方对某个混乱语句进行澄清。

探测得太多、太冒昧也会影响谈话的顺畅性。在访谈中说“是的，我明白”，一次两次可能表示赞同，但如果访谈者将其重复20次就只能被当作是机械回应了。第一次问“你是怎么知道的”，被访者可能会给出如何知道某事的具体说明，但如果问好几次就会造成一种不好的印象——似乎你并不相信被访者的观点或结论。因此，如果被过度使用，探测将会带来适得其反的后果。

使用探测性问题无非就是让对方对交谈发出积极的响应。下面是探测性问题的使用方法，掌握这种方法有助于你灵活使用追踪问题和探测性问题，并有效提升被访者的积极性。

开始的时候，你需要提出一个宽泛的主要问题。例如，你可以问某组织的首席财务总监一项预算是怎么决定的，你可以问一个十几岁的电脑游戏爱好者当前有哪些热门的电脑游戏，也可以问一个社会服务机构的负责人该机构在困难时期是怎么维持下来的。

接下来，对方会很宽泛地讲述某个事件。这个时候，你可以进一步问“那是一个转折点吗？”这种问法中，主要问题只是引子，关键在接下来的追问和探测。

我们不能希望只要某个主要问题被提出来，熟悉情况的谈话伙伴就会像河流上的某道闸门被打开了一样，让信息奔流直下。我们应该主动去探测，激发被访者的说话兴趣。当然，现实情况并不如书里描述的那样简单，这里只是提供一种简单的方法，目的在于激发你的思考。

第五章

用情感说话，温柔地表达

人类是有血有肉的动物，每个人都会被真情所打动。在说服他人时一定要注意以情动人，这样的语言才会具有说服力。用充满真情的话语与别人交谈，会收到意想不到的说话效果。“山不在高，有仙则名；水不在深，有龙则灵。”人也是一样的，无论相貌、学历、出身如何，只要你带着真实的情感与人交往，你就一定可以赢得知心的朋友，拥有令人折服的社交舞台。

✿ 话不在多，以情动人

1915年，小洛克菲勒还是科罗拉多州一个不起眼的人物。当时，发生了美国工业史上最激烈的罢工，并且持续了两年之久。愤怒的矿工们要求科罗拉多燃料钢铁公司提高薪水，小洛克菲勒正负责管理这家公司。由于群情激奋，公司的财产遭到破坏，军队前来镇压，造成流血事件，不少罢工工人被射杀。

在那种情况下，小洛克菲勒却赢得了罢工者的信服，他是怎么做到的呢？

小洛克菲勒花了好几个星期与罢工者交朋友，并向罢工者代表发表了一次充满真情的演说。那次的演说不但平息了众怒，还为他自己赢得了不少赞誉。演说的内容是这样的：

“这是我一生当中最值得纪念的日子，因为这是我第一次有幸能和这家大公司的员工代表见面，还有公司行政人员和管理人员。我可以告诉你们，我很高兴站在这里，有生之年都不会忘记这次聚会。假如这次聚会提早两个星期举行，那么对你们来说，我只是个陌生人，我也只认得少数几张面孔。由于上个星期以来，我有机会拜访整个南区矿场附近的营地，私下和大部分代表交谈过，我拜访过你们的家庭，与你们的家人见过面，因而现在我不算是陌生人，可以说是朋友了。”

“基于这份互助的友谊，我很高兴有这个机会和大家讨论我们的共同利益……由于这个会议是由资方和劳工代表组成的，承蒙你们的好意，我得以坐在这里。虽然我并非股东或劳工，但我深觉与你们关系密切，从某种意义上说，我也代表着资方和劳工。”

这段话可能是化敌为友的最佳艺术表现形式之一。假如小洛克菲勒采用的是另一种方法，与劳工们争得面红耳赤，用不堪入耳的话骂他们，或用语音暗示错在他们，用各种理由谴责劳工的不是，结果可能只会招来更多怨愤和暴行。

曾经打败过拿破仑的库图佐夫在给叶卡捷琳娜公主的信中说：“您问我靠什么魅力凝聚社交界如云的朋友，我的回答是‘真实、真情和真诚’。”只有用一颗真诚的心与人交往，才能换来彼此的心灵相通，驱除人为的隔膜，坦诚以待。

真诚是一笔宝贵的财富，拥有这笔财富的人将是一个活得自在的人。同样，语言的魅力也源自真诚。

人与人交谈，贵在真诚。有诗云：“功成理定何神速，速在推心置人腹。”与人交流时，捧着一颗火热滚烫的心怎能不让人感动？怎能不动人心弦？白居易曾说过：“动人心者莫先乎于情。”炽热真诚的情感能使“快者掀髯，愤者扼腕，悲者掩泣，羡者色飞”。

说话不是敲击锣鼓，而是敲击人们的“心铃”。“心铃”是一种精密的乐器，成功者总是能用真挚的情感、竭诚的态度叩响人们的“心铃”，并刺激之、感化之、振奋之、激励之、慰藉之。对真善美热情讴歌；对假恶丑无情鞭挞；让喜怒哀乐溢于言表；使黑白贬褒泾渭分明。用自己的心弦去弹拨他人之心弦，用自己的灵魂去感染他人的灵魂，使听者闻其言，知其声，见其心。

由此可见，真诚的语言不论对说者还是对听者来说都至关重要。说话的魅力不在于说得多么流畅、多么滔滔不绝，而在于是否善于表达真诚。能赢得人心的人不见得一定是口若悬河的人，而是善于表达自己真诚情感的人。

心理学家认为，人与人之间存在“互酬互动效应”，即你如果真诚对别人，别人也以同样的方式给予回报。道声“谢谢”看似平常，可它却能引起人际关系的良性互动，成为交际成功的促进剂。

如果一个人能用得体的语言表达出他的真诚，就能很容易赢得对方的信任，与对方建立起信赖关系，对方也可能因此喜欢他说的话，并因此答应他提出的要求。能够打动人心的话语称得上是“金口玉言”、“一字千金”。

说话是一个传递信息的过程，所以要提高自己的说话水平，增强自己的语言魅力，并不完全在于说话者本人能否准确、流畅地表达自己的思想，还在于说者所表达的思想、信息能否为听众所接受并产生共鸣。也就是说，要将话说好，关键在于如何拨动听者的心弦。

在生活中，有些人长篇大论甚至慷慨陈词可就是难以提起听者的精神，而有些人寥寥数语却掷地有声。为什么？因为后者能了解人们的内心需要，能设身处地地站在对方的立场，为对方着想。因此他们的话总是充满真诚，也更容易打动人心。

真诚的语言虽然是朴实无华的，但却是感人的。中国女足在一次比赛中获得了较好的名次，记者向运动员问道：“你们得了亚军后心情如何？你们是怎么想的？”其中一名运动员不假思索地回答道：“我想最好能睡三天觉！”

作为名人，这样的回答让人有些出乎意料，但它质朴、没有任何修饰成分，在采访现场爆发出一片赞许的笑声和掌声。如果这位运动员“谦虚”一番，讲一通“我们还有很多不足”之类的话，可能就没有如此强烈的反响了。

✿ 多用“你”，少用“我”

放学回家的路上，徐莹遇到了张老师，她气鼓鼓地说：“张老师，你说丽丽多讨厌，我和她吵起来了。”

“为什么？”张老师一脸不解。

“她非说张学友是最好的歌星，张学友鼻子那么大，丑死了。我就和她吵起来了。”徐莹接着说，“丽丽太不够朋友，本来在班里我和她是最要好的朋友，可是她有什么心里话都不告诉我！”

张老师问：“你从来都是把任何心里话都告诉丽丽吗？再想一想，是不是每个人的喜好都一样呢？”

一句话使徐莹顿时像泄了气的皮球，她不好意思地说：“其实我也没把什么话都告诉她，可能她也有自己喜欢的人和事吧。”

人们往往不经意时会这样，自己喜欢的东西要求别人也喜欢，自己没有把什么心里话都告诉好朋友却要求别人对自己毫无秘密，全部公开。但世界的丰富多彩就是因为每个人都不同，包括他们的个性爱好，每个人都有自己的隐私，怎么能要求别人公开隐私呢？

同理，沟通中请尽量忘记你自己，不要总是谈你个人的事情，人们喜欢的是自己熟知的事情，那么，在交际中多用“你”而少用

“我”，就可以发现别人的需求，尽量引导别人说他自己的事情，也是使对方高兴的好方法。以充满同情和热诚的心去听对方叙述，一定会给对方以最佳的印象，对方也会热情地欢迎你、热情地接纳你。

每个人或多或少都有以自我为中心的思维，都渴望通过交谈受到别人的尊重和欢迎，因此凡事首先想到的是自己，往往开口讲话就是“我”字当头。仔细观察人与人之间的言谈互动，你就会发现在言谈之中滔滔不绝的那些总是喜欢谈论自己的人，很难受到别人的喜爱、钦佩和尊重。

的确，人们感兴趣的往往是谈论自己的事情，而对于那些与自己毫不相关的事情往往会觉得索然无味，对于只有你自己有兴趣的事情，不仅常常很难引起别人的兴趣，而且还令人觉得好笑。年轻的母亲会热情地对陌生人说：“我们的宝宝会叫‘妈妈’了。”她这时的心情是高兴的，可是旁人听了会和她一样高兴吗？不一定。谁家的孩子不会叫妈妈呢？这是正常的事情，当你看起来充满了喜悦时，别人却不一定会有同感，这是人之常情。

如果你在说话中，不管听者的情绪或反应如何，只是一个劲地提到“我”如何如何，那必然会引起对方的反感。如果在交流中改变一下，把“我的”改为“我们的”，对你并不会有任何损失，又会获得对方的好感，使你同别人的友谊进一步地加深。

我们经常可以看到记者这样采访：“请问我们这项工作……”或者“请问我们厂……”演讲者经常使用“我们是否应该这样”、“让我们……”等表达方式。因为“我们”这个词就是要表现“你也参与了其中”的意思，会令对方心中产生一种参与意识。

如果换成是“你们必须深入了解这个问题”，便拉开了听众与演讲者的距离，使听众无法与你产生共鸣而改为“我们最好再做更深一层的讨论”就会缩短与听众之间的距离，使气氛立刻活跃起来。

想让别人相信你是对的并按照你的意见行事，就需要人们喜欢你如果你不能设身处地站在别人的角度，找到别人的兴奋点、热点，又怎么可能成功呢？

沟通中不要总是说“如果我是你”，“如果我是你”并非短短的单纯的一句话而已，它能发挥的效力是不可估量的，这是因为人人都有认为“自己是最可爱”的心理所致的。

如果你在说服别人的过程中无意中使用了一些不太得当的言辞，但由于你巧妙地运用了这句“如果我是你”，便可弥补言辞上的过失。不仅如此，这句短语还能促使对方作自我反省，使对方终于感觉到：唯有你的忠言，才是对他自己最有利的。

汽车大王福特说过一句话：“假如有什么成功秘诀的话，就是设身处地替别人着想，了解别人的态度和观点。”换位不但能让我们在与对方的沟通中获得理解，而且有助于我们更清楚地了解对方的思想轨迹及其话中的“要点”，从而做到有的放矢，击中“要害”。

让你的声音更好听

在西欧，德摩斯梯尼被称为“历史性的雄辩家”。一开始，尽管德摩斯梯尼知识渊博，思想深邃，十分擅长分析事理，能预见时代潮流和历史发展趋势，但他天生声音低沉，且呼吸短促，口齿不清，旁人经常听不清他在说些什么。

当他准备好精彩的演讲内容，第一次走上演讲台时，他遭到了惨重的失败，原因就在于他的低沉嗓音和口齿不清，结果被听众轰下演讲台。

但是，德摩斯梯尼并不灰心，他开始努力地训练自己的说话能力。他每天跑到海边去，对着浪花拍击的岩石放声呐喊；回到家中，又对着镜子观察自己说话的口型，坚持不懈地做发声练习。

如此努力了好几年，终于功夫不负有心人，德摩斯梯尼再度上台演说时，博得了众人的喝彩与热烈的掌声，从而一举成名。

在日常与朋友或同事聊天时，如果你拥有一副好的嗓音，那就是你参与聊天讨论的天生资质，你一定能快速引起别人的注意，并可能因此成为聊天中的主角。如果天生不具备一副悦耳动听的好嗓音，那就要通过后天学习，力求使自己的声音给人以如沐春风之感。

一个人说话的语调、声音会给听者带来不同的信息。当你生气、惊愕、怀疑、激动时，你表现出的语调会不同于平常，声音的高低也各不相同。人们常常会从一个人的语调、声音来判断对方是一个让人愿意亲近的人还是一个不讨人喜欢的人，所以语调、声音及说话时吐字是否清晰都是与人交谈时很重要的因素。

有一天上午，女主人独自在家，当听到门铃声后打开门时，眼前的一幕让她愣住了，一个彪形大汉手拿一把菜刀凶神恶煞地站在门口，女主人很快就让自己镇定下来，面带微笑，温和地说道："哟！您卖刀啊！请进吧。"进屋后，女主人请他坐下，又热情地为他倒茶，这一意外之举令本想来打劫的大汉不知所措，接着女主人又坐下来温和地与大汉谈论刀，还不时地讨价还价。整个过程中，女主人始终用一种亲切的语气和这位男子说话，氛围显得十分亲切与从容。男子紧张的心情慢慢平静下来，心中本要抢劫的念头渐渐消散了，借机把刀卖给这位女主人，就赶快走掉了。

女主人凭着温和而亲切的声音打动了一个本打算打劫的男子，让他迷途知返，声音的魅力如此神奇，让人意想不到。

为什么我们会喜欢那些优秀的电视节目主持人呢？原因之一就是他们准确清晰、端庄悦耳的声音，他们的声音具有使听众不会轻易转移注意力的特质。其实这些主持人并非天生就有一副好嗓子，而是经过长时间的练习提高了音质和音色。

口语的发送能力是说话时对语言的速度节奏、声调的高低、声音的轻重大小、语流的顿挫断连的控制和变化能力，是语言形象的重要的组成部分。如果一个人有较好的声音发送能力，不但发音明亮悦耳、字正腔圆，而且还能随着交际的内容、场景、双方的人际关系的不同，有高低抑扬、快慢急缓、强弱轻重、顿挫断连、明暗虚实等多种变化，其声音就具有强烈的音乐旋律感和迷人的艺术魅力。

有句成语叫作“余音绕梁，三日不绝”，形象地说明了声音动听便可以给人一种美的享受，使别人都爱听自己所说的话。我们在谈话的时候应注意使自己的声音富有感染力，这样才能够打动别人。如果天生声音不太好听，也可以通过训练来改变。例如可以用录音机录下自己的声音，然后放给自己听，反复练习、反复地听、反复改进，长期坚持下去，不断弥补不足，提高声音的质量。

那么，具体怎么做才能提高口语发送能力，让声音听起来更美妙呢？

第一，要发音准确，吐字清楚。读错字或发音不准会闹出笑话，毫无魅力可言；吐字不清，含含糊糊使听众感到吃力，也会降低其接受信息的兴趣。

第二，要注意声调和语调。声调即单个词的调子，语调即贯穿整个句子的调子，两者决定了声音的高低抑扬。语调可分为降调和升调两种基本类型，随着句子的语气和表达者感情的变化可以分为多种类型。语调有区别句子语气和意义的作用。如“你干得不错”说成降调是陈述性句式，带有肯定、鼓励的语气；说成升调是疑问性句式，带有不信任和讽刺的意味。在谈话时应注意把握语调，以增强吸引听众的魅力。

第三，注意语言的速度节奏。人们说话时，影响速度节奏的主要原因是内心情绪的起伏变化。速度节奏的控制和变化一般要通过音调的轻重强弱、吐字的快慢断连、重音的各种对比，以及长短句式、整散句式、紧松句式的不同配合才能实现。我们应掌握这些规律，做到说话时快慢适中，快而不乱，慢而不断，增强语言形象的美感。

此外，提高口语发送能力还应注意说话的语气，从语言的音强变化等方面来改进语音形象。靳羽西是全球公认的最有气质的东方女性，她在刚开始当电视主持人的时候，曾经向语言专家请教说话的技巧。通过学习，她发现说话的声音越低越好听，也越吸引人。如果留意一下电视主持人和播音员的播报，我们会发现他们的声音都很低沉，又很有力度，是从腹腔里发出的声音，自然而不做作。

✿ 保持同情心，学会安慰他人

有一位年轻的建筑工人在高空作业时不慎摔伤，在医院里苏醒后他觉得下肢不听使唤，开始怀疑自己将终身残疾，萌生了消极的轻生念头。

伤者的一位亲友发现他这一颓废的思想苗头，就及时鼓励他说："你年轻力壮，生理机能强，新陈代谢旺盛，只要你积极配合治疗，日后加强锻炼，不但不会残疾，过不多久就会康复，这是医生说的，请你相信我。"

短短几句鼓励的话使受伤者抛开了轻生念头，增强了治疗信心。在以后的日子里，伤者不但积极配合治疗，而且坚强地投入了生理机能的恢复锻炼。果然，数月以后即伤愈出院。后来他跟这位亲友说："要不是你适时给予我鼓励，我是无论如何也不会对恢复健康抱有信心的。"

由于朋友的鼓励，重伤的人才最终伤愈出院。探病的人会说话，会使病患精神振作，积极配合治疗，有利于恢复健康。因此，安慰的话被看成抚慰对方心灵的一剂良药。但若去探望的人说话不当，则会给病患构成颇大的心理压力，影响治疗效果。

当别人产生了厌恶绝望等念头的时候，要适时鼓励，使其消除这种想法，产生活下去的信心，它对调动对方战胜困难的意志和勇气有着举足轻重的作用。当某些人对自己所遇到的困难丧失信心时，我们如能适时地给予真诚和符合客观事实的鼓励，对对方的平复能起到良好作用。千万不要对病患说："哎哟，看样子病得不轻啊，都消瘦成这模样了。"或者说："唉！治你这病比较麻烦，目前还没有特效药，真让人揪心。"这种话无疑是给对方的情绪雪上加霜，不利于治疗和身体的康复。

如何让自己的安慰给对方起到良好的效果，下面是一些建议，大家可以试试。

第一，认真去聆听，做好全方位了解。聆听不是让自己一言不发，而是仔细听对方说了什么、没说什么以及真正的含义。所谓的聆听，应该是用我们的眼、耳和心去听对方的声音，同时不要急着立刻知道事情的前因后果。我们必须愿意把自己的"内在对话"暂且抛到一边。所谓的"内在对话"是指听的同时在脑海中不自觉进行的对话，包括动脑想着该说什么、如何回应对方的话，或盘算接下来的话题。

给人安慰时，耳朵比嘴巴更管用。满肚子的委屈需要的是两片认真倾听的耳朵，而不是一张滔滔不绝、口若悬河的嘴巴。倾听的时候不要急于追问事情的前因后果，也不要忙着给对方指点迷津，给对方足够的时间和空间让他自由表达感受，对方的苦恼会越说越少。

第二，仔细留意对方的感受，做到心知肚明。当去探访一个遭遇不幸的人时，要记住你到那里去是为了支持他和帮助他。要留意对方的感受，不要只顾自己的感受。不要以朋友的不幸际遇为借口，而把自己的类似经历扯出来。你可以说：“我是过来人，我明白你的心情。”但是你不能说：“我母亲死后，我有一个星期吃不下东西。”每个人的悲伤方式并不相同，所以安慰他人时，不能硬为一个不像你这样公开表露悲伤情绪的人感到愧疚而流露出指责之意。

第三，拥有足够的耐心，去感化对方。丧失亲人的悲痛表现各不相同，有的往往持续几年或者更长。一位寡妇说：“我丈夫死后，儿女们老是说：‘虽然你和爸爸的感情一直很好，可是现在爸爸已经过去了，你得继续活下去才好。’我不愿意别人这样对待我，好像把我视作摔倒后擦伤了膝盖而不愿起身似的。我知道我得继续活下去，而且最后我的确活下去了。但是，我得依照我自己的方法去做。悲伤是不能够匆匆而过的。”

如果聊天对象的悲伤似乎异常深切或历时长久，你只需要让他知道你在关心他。你可以对他说：“你的日子一定很难过。我认为你不应该独立应付这种困难，我愿意帮助你。”

第四，适当停顿一下，让自己思考一下。在对话之间有时说，有时听；我们还必须提醒自己，放慢不自觉产生的机械式反应。例如，想快速解决对方的不安，便直接跳到采取行动的阶段——说些或做些我们认为对对方有益的事。如果没有停顿，我们就可能在刹那间说出稍后会反悔的话。安慰的艺术在于“在适当的时机说适当的话”，以及“不在一时冲动下说出不该说的话”。

安慰时，从容不迫地停顿与思考可让我们停止下判断、停止反应，并产生好奇心。停顿就像开车时变换排挡时所需使用的离合器：先减速到某种程度，扣上齿轮之后再进行有效加速。要避免在一时冲动下说出不该说的话。

第五，要接纳对方的世界。安慰人最大的障碍，常常在于安慰者无法理解、体会、认同当事人所认为的苦恼。人们往往容易将苦恼的定义局限在自我所能理解的范围中，似乎一旦超过了这个范围，就是“苦”得没有道理了。由于对他人所讲的“苦”不以为然，安慰者容易在倾听的过程中产生抗拒，迫不及待地提出自己的见解。因此，安慰者需要放弃自己根深蒂固的观念，承认自己的偏见，真正站在对方的角度去看他所面临的问题。

心理专家说的“放下自己的世界，去接受别人的世界”就是这个道理。最好的安慰是暂时放下自己，走入对方的内心世界，用他的眼光去看他的遭遇，而不妄加评断。

第六，不需“指教”他要怎么做。生活中不乏这样的例子，出入社会的学子在面试中几次碰壁，就开始怀疑自己的能力，沮丧彷徨。

这时作为朋友的你，要做的是客观分析现状，帮他验证。竞争失利时人们或多或少会产生自卑心理，这是很常见的问题，对话者所要做的事就是帮他克服这种自卑感。首先要肯定，“这可能完全不是你能力的问题，也可能是……”注意一定要讲他好的方面。至于他今后应该怎么努力，那是他自己需要总结的。

我们交谈的目的不是帮聊天对象解决实际问题，而是帮他解决心理上的感觉的问题。我们没有办法教朋友怎样争取到某个职位，那是他自己的事，我们所做的是帮他调节情绪，让他不要耿耿于怀。给予安慰并不是告诉别人“你应该觉得……”或“你不应该觉得……”因为人们有权利保有其真正的感觉。这些人生经验和心得体会不是你要去讲的，而是要靠当事人慢慢摸索出来的。

第七，提供具体的援助，不要只是口头许诺。不需要别人找到所有问题的答案，但可以尽力提供具体的援助，可以找朋友或者专家，还可以找朋友的朋友帮忙找到答案。我们可以做的是为对方打几个电话、结下好的人脉，也可以找相关的书籍给他们阅读，或是干脆提供一个躲避的空间，让他们得以安顿下来，平静地为自己找出路。

第六章

和谐地沟通，救场不冷场

在交际中遇到尴尬的场面时应做到审时度势，准确把握双方的心理，然后运用说话技巧，借助恰到好处的话语及时出面打圆场，化解尴尬。维护交际活动的正常进行是十分必要和值得重视的。在交际过程中，我们要做善于“救场”的人，而不要去做“煞风景”的人。

✿ 换一种表达，说中听的话

有个理发师收了一个徒弟，这个徒弟很认真，学习了三个月便信心十足地上岗了。

第一位顾客来了，他规规矩矩地接待了，然后认认真真地理完了发。他感觉自己理得还不错。但没有想到的是，顾客照了照镜子却说："头发留得太长了。"这话让小徒弟有些不知所措。

这个时候，边上的老师傅笑着说道："头发长能让您看上去更加含蓄，这叫藏而不露，很符合您的身份。"那位顾客的脸色本来不太好，听了老师傅的话后顿时笑了起来，高高兴兴地走了。

小徒弟给第二位顾客理完发心里就有点忐忑了。果然，这位顾客照了照镜子也没有好话，说："头发剪得有些短。"小徒弟想辩解几句，又怕引发争执。

这时，边上的师傅又说话了："头发短才能显出您的精神，这个形象看起来更朴实、厚道，让人感到亲切。"顾客转嗔作喜，点点头走了。

收起沮丧的心情，小徒弟接待了第三位理发的客人。这次顾客倒没有挑剔，只是最后笑着对他说："花的时间挺长的。"小徒弟一下子就听出顾客的不满意，心里很委屈："还不是为了给你剪得好一点儿啊！"但是这样的话他不能说出来。

边上的师傅再次开口："为大人物理发，自然要多花点儿时间！"顾客听罢，大笑而去。

吸取了上一次的教训后，小徒弟为第四位顾客理发的速度就加快了。然而，让他没有想到的是，这位顾客一边付款一边说："动作挺利索，十分钟不到就解决问题了。"言下之意似乎怀疑小徒弟理发不够认真。

徒弟无语了。

师傅笑道："时间就是金钱，如今这个时代，讲求的就是'速战速决'，我们理发店也要与时俱进，帮助客人赢得时间。"顾客听了，点头赞同，欢笑告辞。

晚上下班，小徒弟不解地问老板："师博，是不是我手艺还没有学到家呀？为什么每次都让顾客不满意？要不是您在边上为我说话，我今天说不定就会和顾客吵起来了。"

师傅笑道："做我们这一行，顾客就是上帝。遇到挑剔的顾客也很正常，所以我们要学会随时解决这些问题，而解决这些问题的关键就是会说话，会说顾客喜欢听的话。每个人都爱听好话，你把话说好了，所有顾客提出的问题也就迎刃而解了。你的理发技术是合格的，现在你要学习的是说话的技术，你明白吗？"

小徒弟仔细想了想，明白了其中的道理。从此，他观察学习得更加刻苦了，说话的方法和理发的技艺也越来越精湛。

面对顾客的挑剔小徒弟总是无言以对，因为在他看来，自己确实没有满足顾客的要求。但是老师傅出马，几句话便轻描淡写地抹去顾客的不快，让顾客开怀离开。这就是不会说话和会说话的区别。

同样的意思，不一样的表达，带来的效果也不一样。好好揣摩理发师的说话艺术，从中能够领悟到什么道理、得到何种启发呢？生活中经常会遇到问题，而其中有些问题的解决，只需要动一动嘴就可以了。

其实，这种囧境突围的说话方法的妙处就在于改变思维——把坏事变成好事。我们做事，不仅要会干，更要会说。回想一下日常工作和生活中的琐事，我们不难发现，由于说话水平不同，我们获得的效果和回报大不相同。话说得好，让听者高兴，办事就更有效率，问题就更容易解决，回报就更高，相反就可能造成麻烦。

仔细想想，如果那个小徒弟没有老师傅在边上解围，很可能就会和顾客争辩，又或者服从顾客的指点去返工，结果陷入吃力不讨好的境地。有的人觉得，解决问题非得实干不可，其实这样的观点是片面的。生活中许多问题其实都可以通过说话来解决。所以有人说，一句恰到好处的话可以解决一个天大的难题，改变一个人的命运；一句不得体的活，可以导致错失一个天大的机遇，毁掉一个人的一生。

在职场上，你每天都要和同事、领导、客户说话，在家庭中，你每天都要和亲友、孩子进行交流。会说话，你就能够和同事友好相处，与领导搞好关系，同客户达成协议；会说话，你就可以消除与配偶的误会，增进彼此的感情，和孩子拉近距离。学会说话，说让人开心的话，将为你打开人生的另一扇门。

失意人面前，不说得意的事

有一次，老梁约了几个朋友来家里吃饭，这些朋友彼此都很熟悉。老梁把他们聚在一起主要是想借着热闹的气氛，让心情不佳的老洪缓解一下。

因为经营不善，不久前老洪的公司关张了，他的妻子也因为不堪生活的重压，正与他闹离婚。内外交困之下，让他内心感到很难受。

大家都知道老洪目前的遭遇，因此不约而同地避免谈及与事业有关的事。可是爱喝酒的老肖没能管住自己，几杯酒下肚，就开始大谈自己的风光。

因为老肖那阵子正好赚了不少钱，于是他就显摆起自己赚钱的本领和花钱的功夫，并不断地对老洪说："老洪，亏那点钱算什么呢？跟我混，不用半年，保证全赚回来。"

老肖一边说话，一边拍着胸脯，那种得意的神情，别说失意的老洪看了不舒服，其他的人也看不过眼。

大伙儿都很尴尬，话题明显越来越少，只听老肖高谈阔论。老洪更是低头不语，脸色非常难看，一会儿说去上厕所，一会儿说去打电话。

后来大家都早早散了，主人老梁送老洪出门，在门口，老洪忍不住愤愤地说："赚钱很了不起吗？那么得意干什么？"

在失意之人面前说自己的得意，这是不懂人心的做法。有些人就是不太注意，拼命用自己的得意去衬托别人的失意。

故事中的老肖或许有心帮助老洪走出困境，但他说出口的话却并未将自己的关心表现出来，还让老洪更郁闷了。人们做事的结果事与愿违，往往并不取决于动机是否正确，而是取决于方法是否恰当。

比如别人事业失败，跟你诉苦。与其以成功者的姿态来指导对方，不如告诉他，你当年跌得比他更惨，是一点一点又做起来的。等他想通了“失败是成功之母”，就会鼓足干劲，以图东山再起，他日一定会如你一样成功……

当然，你所说的这些安慰的故事可能不一定真实。但他人向你诉说自己的失意之事，只是想从你口中得到一番启迪和安慰。所以讲一点自己的“失意之事”，让失意者们从你的身上看到自己还有“得意”的机会，就算说一些善意的谎言又何妨呢？

上述故事中的老肖当时完全没有顾及这些，他的张扬和得意让老洪更加不好受。这到底是帮人，还是损人呢？我们不妨扪心自问，在自己失意之时，若他人在我们面前大谈自己的得意之事，我们的感受是怎样的呢？

当你有了得意之事，不管是升了官、发了财，还是一切都备感顺利的时候，都不应该在失意的人面前高谈阔论，要体谅他们的心情。处于失意之中的人对一切都很敏感，即使你是无心之语，也有可能会伤了对方的自尊。

我们在表达自己的时候要注意面前对象的心情。你事业有成或加官晋爵当然是值得庆贺的事，但这种庆贺要适可而止，尤其不要在失意之人面前显摆，以免造成尴尬和冷场的局面。因为你的张扬会引起失意之人的心态失衡，你的得意会激起失意之人的怨恨。

你和得意的人谈失意的事，对方可能会表面应付，很少表示真实的同情，甚至对方还有可能引起误会，以为你是有事相求要请他帮忙，这样一来他很可能会预先带着防备心与你交流，而无法长谈。

因此，如果你要诉苦，不妨找情形相似的人，同病才会相怜，同是天涯沦落人，彼此的话才会投机，这样才能得到精神上的安慰；如果你人生得意，则要找同样得意的朋友一起出去庆贺。这样彼此才能玩得痛快自在，而不必担心出现话不投机的尴尬。有得意的事情应该和得意之人去谈，千万不要找失意之人诉说和分享你的得意。

关键时候，帮人摆脱窘境

田先生出席朋友的小宴会，发现朋友请来十个朋友，但只要了三瓶酒。他知道十个人五道菜起码得五瓶酒才够，因此他心中琢磨朋友必定是手头不宽裕。

明白过来后他不露声色，向朋友请缨为大家斟酒。结果，五道菜上完大家的酒杯还是满的。朋友非常感激田先生给他圆了场，与田先生的关系也越来越好。

其实小宴会上田先生要让朋友“出洋相”简直太容易了，如果他性格直爽，不懂得个中的奥妙，往往会脱口而出“这些酒哪够啊”。这样的情形在生活中很常见，但是这样的话一说出来，朋友心里肯定会不舒服。

除了在遇到窘境时维护朋友的尊严，有的时候还要通过巧妙的语言在困局中给朋友长脸，不要让别人感觉掉价。

张女士买了一套样式挺不错的西服，陈小姐看见了赞道：“哇，张姐，这身衣服穿上，好精神啊！新买的，花了不少钱吧？”张女士开心笑道：“呵呵，你猜。”

陈小姐了解市场行情，知道这种衣服两三百元完全能够买得下来，但她没有直接说出来，而是猜测道："这套服装样式是现在时尚流行款，料子也很不错，至少得花四五百块吧？"张女士一听更加高兴，笑得两只眼睛眯成一条缝儿，道："你没想到吧，我才花两百元就买下来了！"陈小姐大拇指一翘："嗨，张姐，你行啊，下次我买衣服得找你帮我砍砍价。"张女士笑说"没问题"。

陈小姐的说话是很值得学习的，她故意把衣服的价格说得高一些，令张女士产生成就感，当然会使对方高兴啦。这样说话实际上就是捧场，给人长脸，自然让人开心。

相反，如果陈小姐说："这种衣服也就两三百块钱。"张女士心里的感受会是怎样的呢？如果她的心地比较和善，会想："难道我的眼光不行？"如果她的情绪比较烦躁，或许她就会说："你也太没眼光了。"总之，她绝对不会如此高兴，心里还可能会产生一些疙瘩。这样一来，人际关系也就不会和谐了。

而陈小姐三言两语说得张女士开心不已，就是因为陈小姐深明人情世故的道理。人都希望自己的脸面有光，而担心掉价、丢份儿。如果你想让一个人高兴，并能与之和睦相处，就应该尽可能地给他长脸。

有人觉得这是投其所好的世故奉承，因而不屑为之。其实，我们这样做的出发点是光明正大的，给人长脸，无论是对自己、对对方还是对社会都是没有害处的，相反，这种人际互动技巧往往能给对方、给社会带来欢乐。

面对一位三十多岁的女人，你说她看上去只有二十多岁；面对一个六十多岁的老人，你说他看上去只有四五十岁，这种"美丽的错误”对方是不会认为你缺乏眼力、对你反感的，相反，对方会对你产生好感，形成心理上的相容，如此又何乐而不为呢？而且这样做能够让人获得美好的心情，又没有任何妨害他人之处，这样的“美丽的错误”与“无害的阴谋”，多说一些又何妨呢？

照顾别人的颜面，给人长脸，是为人处世中应该学习的。懂一些人情世故，照顾一下别人的面子，会让人际关系更加和谐，也能让社会少一些矛盾冲突，多一些和气。

场面上的事情做得妥帖一点、光彩一点，也是对别人的一种尊重。你希望别人怎样对待你，就应该怎样对待别人。你维护了别人的尊严，别人也会在意你的尊严。照顾他人的尊严，不忽略他人的感受，能于不动声色中帮助他人摆脱窘境。

相反，话说不美，不仅不能圆场，还很容易造成尴尬。有的人请客吃饭，进门就问：“今天有什么又好又便宜的特价菜啊？”弄得一旁随同前来的客人直皱眉，客人心里难免会想：“难道在你心目中，我是那种只配吃特价便宜菜的人？还是你原本就是一个贪图小便宜、目光短浅又毫无生活质量的人？看来我得重新考虑跟你合作的事情了。”提倡勤俭节约、拒绝铺张浪费是中国人的传统，但是在具体场合下也需要讲究技巧，大张旗鼓地表现出来或是让对方察觉出来有时会成了小气、吝啬的表现，直接影响对方对你的看法，甚至打消对方原先打算与你交往的想法，可就因小失大，得不偿失了。

总而言之，在语言上维护他人的自尊，实际上也是给自己台阶，因此在话一出口有可能伤及他人的尊严方面，我们要多加注意。

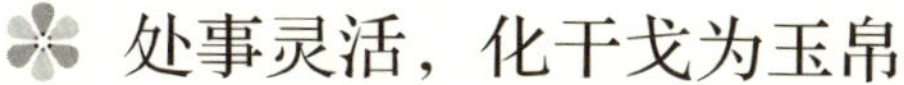

处事灵活，化干戈为玉帛

有个男子到小吃店要了一份面，面的鲜味刺激了他的呼吸道，随着“阿嚏”一声，面虽然没有呛进鼻腔，却被这突如其来的喷嚏喷到对面一位顾客的面碗里。

那位顾客见此顿时大怒，“呼”地一下站了起来，一拍桌子，喝道：“没长眼睛啊，你朝哪儿喷呢！”

这名男子也愣了，他缓过神来，转头就冲伙计喊：“我告诉过你不要放辣椒的，你干吗在里边放辣椒？你瞧瞧，现在可怎么办？你赔我面钱，我要赔人家的面钱！”

伙计很委屈，争辩道：“面里没有放辣椒。”周围的顾客都看了过来，眼看三个人就要闹起来了。

老板见势不妙，赶紧跑过来圆场道：“太抱歉了，是我们服务不周。”说着，又对厨房大手一挥：“再下两碗面，面钱免啦。只有大家和气，才能生财嘛！”面对老板真诚的笑脸和诚恳的态度，两位顾客不好意思发作，于是也各自忍让一步了事。

如果老板这个时候不照顾这两位顾客的感受，试图用讲道理的手段让他们分出是非黑白，只怕这生意就不必做了。相反，他及时地圆场，照顾了顾客的感受和面子，让事情得到了圆满的解决。

与人相处，要学会说好话、打圆场，帮助别人消除不良的情绪。在当事人十分懊恼或不快的时候，有时旁人说几句得体的美言，便能够消除矛盾，结局圆满。

清朝名臣张之洞任湖北总督时，有一次适逢新春佳节，抚军谭继询为了讨好张之洞，设宴招待他，不料席间谭继询与张之洞因长江的宽度争论不休。谭继询说五里三，张之洞认为是七里三，两人各持己见，互不相让。

眼见气氛紧张，谁也不敢出来相劝。这时位列末座的江夏知县陈树屏说："水涨七里三，水落五里三，两位大人说得都对。"这句话给两人解了围，他们都拊掌大笑，并赏陈树屏纹银若干。

作为下属的陈树屏，能够调解上司的纠纷，可谓智慧，其巧妙且得体的言辞既解了围又使双方都有面子。他的说话方法就充分考虑了听者的心理。众所周知，对一件事情的描述，每个人都会有不同的表达方式。话语含义的微妙差异、在说话时应该付出的热诚程度等，都需要我们下一番功夫推敲。

有时交谈的重点会在我们轻松得体的说话中明显地表达出来，还有的时候，我们心平气和地与人说话也会给对方留下深刻的印象。这是为什么呢？因为在不同心态下用不同的说话方法，可以决定我们能否把该强调的重点充分地表达出来。

有时成功地"打圆场"能让一方摆脱尴尬，一方转怨为喜，最终皆大欢喜。当然，要圆满地解决矛盾还需要机智灵活，随机应变，不仅要说得巧妙，更要说得得体。

若你是一个领导，对于下属之间的纠纷有时只要主动地承担责任，就可以化解双方的矛盾。

小李和老宋同在办公室工作。一次，小李去机关听报告，老宋不知情，因此对小李很有意见，当面质问小李为什么不告诉他听报告的信息，两人因此大吵起来。

主任了解吵架的原因后，对老宋说："听报告没有通知你，不是小李的错，是我没有要他通知你，因为你们两人有一个人去听报告就行了。你如果有意见就对我提吧，不要责怪小李啊。"

老宋听后，觉得自己错了，于是主动向小李致歉，他们又和好如初。

打圆场，目的为了消除彼此的误会、矛盾，缔造和谐与平衡的人际关系。善于圆场的人能够整合周遭环境，不仅能够调解组织内的纷争，维持组织的稳定团结，还能够劝合一个分裂家庭，抚平朋友之间的嫌隙，由此可见，打圆场往往有着搭起人与人之间沟通桥梁的重要作用。

第七章

放下你的傲慢与偏见

在日常生活和工作中，我们通常很少意识到自己的话语中夹杂着很多主观臆断。这些主观臆断在我们看来不容置疑，在别人看来也许不可理喻，由此而引发种种争议。其实，只要我们能够冷静下来进行换位思考，就会发现我们对别人的判断有时难免带着傲慢与偏见。很多时候，即使对方没有激烈地反驳，内心也一定不会很舒服，一旦情况允许他们就可能做出对我们不利的事情。因此，聊天时请放下你的傲慢与偏见，尽量对他人做出一些积极的评价，所谓“赠人玫瑰，手留余香”，应该尽可能地在沟通中释放正能量。

✿ 细忖那些评价，端正不良心理

销售员A："你有时间吗？我想和你谈谈。"

销售员B："什么事？"

销售员A："为什么抢我的客户？你也太不懂规矩了。"

销售员B："谁不懂规矩了？有病吧你？"

销售员A："你才有病！芳草地公司的赵总，我在圣诞节就和他联系上了，准备休假回来就跟进，现在怎么成了你的客户？想不到你还有敢做不敢当的'本事'。"

销售员B："哦，照你这么说，只要和谁联系上谁就一定是你的客户。你是不是休假把脑子休傻了？还是一直就这么天真？"

销售员A："是我太过天真还是你恬不知耻？别以为我不知道你那些见不得人的小伎俩，整个公司的人全都心知肚明，只是不愿戳穿你罢了，还请你好自为之。"

销售员B："我谢谢你的忠告，实话告诉你，这个赵总和你有联系我还真不知道，否则也不会去搭这条线，吐出来给你也没什么大不了。既然你这么说，我还偏偏就咽下去了，你说算抢的也行。不过礼尚往来，我也给你一个忠告，你是不是觉得自己是什么正人君子啊？上个月新来的小李，销售业绩比你这个老员工都好，怎么忽然离职了？你用了什么伎俩？别人不知道，你可别想蒙我。"

销售员A：“他离职是因为家里的原因，跟我没关系。”

销售员B：“家里原因？你想让他怎么说？被老员工挤兑？老员工怕他‘功高盖主’？还是老员工根本容不得别人比他强？公司不是你家开的，不是你想怎么折腾就怎么折腾的。”

销售员A：“你，你简直不可理喻！”

销售员B：“我不可理喻，现在可是你闯到我的办公室里乱咬乱叫。理屈了？请你出去！”

此案例中，可能是平时就已经积怨很深，对话中的两个人几乎句句带有对对方的主观臆断，并且裹挟着严重的极端心理，傲慢与偏见可谓无以复加。在这种情况下，他们的沟通基础已经不复存在，只会将事情推向更糟糕的境地，丝毫没有解决问题的可能。那么，为什么他们的沟通会引向歧路呢？原因很简单，从沟通刚开始，他们就对对方产生了偏见。

在我们每个人的工作当中，由于存在诸多利益交集，相互之间出现矛盾是在所难免的事情。随着时间的推移，相互之间的利益矛盾过去后，又可能因为共同利益而变得关系亲密，之前的不快会消散得无影无踪。因此，如果我们能够相互容忍，发生利益矛盾之后尽量避免冲突，就能够有效保持同事之间的正常沟通。相反，如果因为一点矛盾就互相攻击，势必把彼此都推上绝路，从而给自己制造一个死敌。如果总是如此，就会把每个人都变成自己的敌人，这是十分不利的。

其实，只要我们放下傲慢与偏见，并且以解决问题为目的，在沟通时可以产生完全不一样的沟通结果。

仍以上面两个销售员的对话为例：

销售员A："你有时间吗？我想和你谈谈。"

销售员B："当然，什么事？"

销售员A："是这样，我休假之前和芳草地的赵总已经联系好了，回来发现他搭上了你的线，所以我过来问一下，你是不是有什么地方疏忽了？"

销售员B："哟，是这样啊，真是不好意思。赵总的一个朋友和我老公是发小，上次他们聚会，席间有人提了一嘴，我就和他搭上了。"

销售员A："哦，没关系，我原本打算休假后跟进，现在看来考虑的也不周全。这样吧，如果这个客户对你很重要，我就把'他'掐断了，后面都由你来跟进。"

销售员B："别别别，谁先搭上线，客户就归谁，这是不成文的规定。你放心，这条线我还没扎实，回头我做东，咱们一起吃个饭，我把他'划'给你，也算是拿出点道歉的诚意吧。"

销售员A："既然是'划'给我，怎么说也应该我做东，而且我也不是完全没有责任。说实话，上个月出了档子事，我觉得自己有时候考虑问题太主观了。这次也是，如果提前把消息报给主管，也不用害你浪费这么多时间和精力。"

销售员B："没关系，大家都是同事，谁还不能包容谁点小缺点啊。对了，你说上个月出了档子事儿，是新员工小李？"

销售员A："是啊，这个人有销售天赋，而且工作也肯努力，将来肯定比我们这些老人强。可惜他锋芒太露，把谁都不放在眼里，这样以后肯定没办法和团队合作，更别说带领团队了。所以从长远角度来考虑，我就想压着点他，这样对他对公司都有好处。哎，没想到啊，他的心理承受能力太差，我还没说什么呢，他直接撂挑子走人了，可惜了这么好的人才。”

销售员B：“你也不用太自责，这样的员工到哪都待不长，吃亏吃多了，他们自己就明白了。你说你为他好，他不光不感谢你，还可能恨你，何苦来着。”

销售员A：“那倒不会，他辞职的时候，说家里有事。估计他也就是感觉怀才不遇吧，如果我能再讲究点方式方法，把他留下来仔细培养，就好了。”

销售员B：“算了，事情都过去了，咱们还是说说眼前的事吧。今天晚上咱们……”

傲慢与偏见就像一根根毒刺，总能在不经意间让我们变成刺猬，扎到别人的同时，也让自己受伤不浅。因此，我们在与人沟通的时候，必须放下傲慢与偏见，决不能主观臆断地去评价别人。任何一个人的好坏与否，其评判标准都不在我们的心里，其评判权力也不在我们手里。想要顺畅地与人沟通，充分尊重对方和对方的想法是必不可少的。

✿ 放下自己，沟通无阻

有一个老和尚带着小和尚外出游学，他们经过一座村庄时，遇到一条小河，河边有一个美貌女子，穿着非常得体，衣服很干净鞋袜整洁，正在焦急等待着什么。老和尚上前询问："女施主，请问，这条小河上可有船和桥？"

女子说："这条小河很浅，只要徒涉即可，没有船和桥。可是大师，我要过河去城里看戏，不能弄脏了衣服，您可不可以背我过去？"

老和尚说："佛陀以度天下人为己任，今日我背你过河，有何不可。"

说完，老和尚背起美貌女子过河，小和尚从后面拉着他的衣角。果然如女子所说，河水最深处不过是到老和尚的膝盖而已，根本没有淹没的危险。

告别美貌女子之后，老和尚继续带着小和尚赶路，天黑后来到一家寺庙住下，寺里的和尚热情接待了他们，老和尚也与人说笑。然而一旁的小和尚始终闷闷不乐，有同龄的小和尚上前搭话，他也不理不睬。

入斋房歇息后，老和尚盘腿打坐，闭目养神，似乎这一天什么事情都没有发生。小和尚却如坐针毡气不打一处来。老和尚忽然睁开眼，说："什么事放不下？"

小和尚犹豫了一下说："佛陀不让我们起心动念，不能有色心起，更不能与女子有肌肤之亲。可是今天，师父背一女子过河，是不是有悖佛祖的教诲啊？”

老和尚又闭上眼睛说：“是与不是，我早已把她放下，你又何苦执着呢？”

为什么人们总是会纠结一些事情，或者对一些事情过于执着呢？

就是因为放不下，而人最最放不下的正是自己。我们认为某件事情应该是这样的，别人提出了不同的意见，我们不能接受，并且认为对方是错的，甚至想要全盘否定对方的意见。如果把这样的思维定式带入与人沟通的过程中，那么定会让沟通陷入僵局。相反，如果我们能够放下自己的成见，把沟通的第一目标锁定在解决问题上，而不是固执地用自己的方法去解决问题，最终的结果可能比预期的更好。

下面，我们来具体了解一些具体的沟通技巧，确保自己能够在放下自我的前提下，与人进行沟通：

第一，给评论不如给观点。国人的性格较为内敛，因而总是不愿先说出自己的观点，更少有人主动表达自己的观点，而是先让别人说。但等到别人说了自己的想法后，很多人却不去思考这方案的可行性，而是给出自己的主观评价，好像自己是一个资深专家，或者认为自己提出的方案优秀得多。这样不知不觉中引起了别人的反感，以至于自己的方案提出来之后，不管优劣，立即引起讨伐声一片。

第二，给观点不如给感受。什么是感受？伤心、高兴、喜欢、厌恶，大多数国人是讷于表达感情的，可既然不表达，对方又怎么知道呢？如果我们被对方冤枉了，不要急着去解释什么，那样只能让沟通陷入争辩当中。如果我们能够直接说出自己的感受，比如“你有过被人冤枉的感觉吗？想想看，那种感觉怎么样？有没有很难过？不管你相不相信，现在你对我说的这些话，正让我深深感受着被冤枉的痛苦。”

第三，给感受不如给事实。一千个人眼中有一千个哈姆雷特，每个人都可以有自己的感受，但是事实只有一个。与人交谈的过程中，如果我们能够抓住一个不容辩驳的事实，并且在适当的时候说出来，很容易起到“定海神针”的作用。比如“你总是说吸烟没事，可是你知不知道，全球每年有多少人直接死于吸烟？又有多少人间接死于吸烟？我告诉你，有500万人，平均每个小时有460人死于吸烟，并且这个数字还在急剧增加。”既然事实都摆到了眼前，对方会消除疑虑，会很轻易地被说服。

第四，给事实不如给方案。谁都希望问题能够得到尽快圆满顺利解决，只是因为情绪的失控把太多人带入死胡同，以至于把交流氛围搞得越来越糟。因此，如果我们能够提供一个切实可行的解决方案，并且对方能够接受，这个方案就会如同重磅炸弹一样，立即将争论炸得无影无踪随后，沟通就会觉得顺畅无比。当然，我们也可以转问对方、向对方寻求解决方案，如果我们能接受，也可以顺利解决问题。

不过大多数情况下，沟通双方的方案都不会立刻得到对方的认同，但只要双方的解决方案能够相互折中，把注意力盯在方案上仍有助于做出最好的选择。

第五，给方案不如给好处。不管我们给出了一个什么样的方

案，都要尽可能地考虑到对方的利益。如果我们能够给对方切切实实的好处，并且让他们感觉到我们的尊重，对方又有什么理由不就范呢？在此基础上，我们再向他们列出不这样做的坏处，恐怕对方就乐得言听计从了。

✿ “好为人师”，缘起何因

朱艳华是个慢性子，做起事来不急不躁，经常拖大家的工作进度。不过，朱艳华的心思很细腻，而且她对工作非常负责，凡是她做的工作，都有很高的质量。她的同事王芳语却是一个急性子，做起事来风风火火，还经常义务帮助朱艳华做事。但是王芳语也有缺点，那就是对细节不够认真，一项工作虽然雷厉风行地完成了，但不是这里出了问题，就是那里出了毛病，返工的概率很大。

为此，老板对二人进行了不同的分工，通常都是由王芳语带领大家攻坚，然后再由朱艳华带领大家检查和修改。这样的组合称得上各尽所长，老板也知道天下没有完美的人，凡事也不能强求。

然而，王芳语不这样想，她从朋友的角度出发，总是督促朱艳华加快进度。在她看来，朱艳华只要提高一下工作进度，就能像自己一样领带大家进行攻坚了。朱艳华也意识到自己的缺点，因而在王芳语的“教导下”进行了高强度的训练，最终成为一个既能保障质量又能保障数量的优秀员工。

接下来，让人意想不到的事情发生了，老板忽然找到王芳语，表示她的工作表现持续得不到改观，请她另谋高就。王芳语见无法改变老板的想法，只好找朱艳华哭诉，要求她和自己统一战线。让她感到目瞪口呆的是，朱艳华不仅没有答应她的要求，而且表示自己早就受够了她的好为人师，巴不得她早点走人。

王芳语在茫然中离开了公司，这时才发现很多人居然都在对她指指点点。

好为人师是每个人或多或少在沟通中都会触及的一个人性禁区，本着“我是为你好”的初衷，我们会给对方提出不容置疑的建议。同时又因为在某些方面“我比你懂得多”，我们总是会不自觉地摆地出一副教育人的姿态，举手投足间完全是把对方当成了“小学生”。如果对方表现出反感或者反抗，我们还会加强语气，竭力说服他们，甚至带入激烈的情绪，直到对方屈服。其实，这种做法是非常不理智的，一个最简单的道理是：即便我们是老师或者领导，也会因为教育人的口气而惹人反感，何况我们又不是师长。

心理学家研究发现，人们在同化别人的想法时，会在优越感、成就感和安全感上得到强大满足，从而让自己的内心世界处于一种兴奋状态。这种兴奋感会像吸毒一样让人们在不知不觉中上瘾，直到变成一个人人厌弃的失败者。还有些人总是对身边的一切感到不满，并且发表激烈言论，把自己失败的责任推给身边的一切，以此来掩盖和麻痹自己的焦虑。可想而知，如果我们成为这样一个人，必定会在沟通上陷入孤立无援的境地。

更可怕的是，一旦好为人师的交流方式与别人发生冲突，立即就会被情绪激化，从而更加偏激和极端。这个时候，别人必定会做出不同程度的反击，而我们绝不可能允许自己的“学生”和自己叫板，只能用更加“严厉（其实是偏激）”的观点去回击。在此过程当中，我们已经失去了基本的分析能力，仅有的理智也丧失殆尽了，一个曾经非常喜欢自己和尊敬自己的同事很可能从此成为我们的死敌。

其实，每个人都在试图建立自己的“社会坐标”，并且想要尽可能地居于他人之上，这也是我们提高和发展自己的重要原动力。但是我们往往会不可避免地犯下一个可怕的错误，那就是在抬高自己的同时拼命地想把别人踩在脚下。当某人满心欢喜地表述一个观点时，最喜欢的事情是得到赞扬，哪怕这个观点在我们看来漏洞百出、幼稚之极。这个时候，如果我们管不住自己好为人师的心理，就会站出来进行“批评指正”，而完全不顾别人是否愿意听，甚至会伤害对方的颜面。最可笑的是，很多人在这样做之后仍意识不到自己的沟通问题出在何处，还“要求”对方感谢自己。

此外，我们还应该谨记一点：这个世界上（包括我们自己）不存在十全十美的人，不如意的事情也在十之八九。总是抓着别人的缺点不放，却一再给自己的不足找借口，如此将注定无法建立起良好的人际关系。

通常来讲，我们在审视自己的时候，会因为距离太近而有失偏颇；在审视别人的时候，又会因为距离太远而有失偏颇，总之永远不可能得出一个绝对客观合理的结论。对于每个人来说，最好的做法就是别去“教导”别人，并且时刻抱定虚心请教的学习心态。即便有一天我们成了老师或领导，也要记住古人的教诲：“圣人处无为之事，行不言之教”，要用以身作则和率先垂范来引导别人。

覆水难收，三思后说

姜子牙因为仕途不顺，辞官之后来到渭水河畔隐居，每天钓鱼度日。他的妻子马氏认为他不思进取，对生活失去了希望，执意要离开他。姜子牙很爱自己的妻子，努力劝她不要离开，并许诺将来会大富大贵，可惜并没有挽留住马氏。

后来，姜子牙靠“直钩钓鱼”经营出自己的名声，投到周武王麾下效力，帮助他平定天下，得享沃野千里，位极人臣。这时候，马氏开始后悔离开姜子牙，并且找到他要求复合。

此时的姜子牙已经对马氏失望至极，虽然答应见了她，并且送给她一些财物，但拒绝和她重归于好。马氏却坚持说：“我们很早就成亲了，而且一起度过了最艰难的时期，有稳固的感情基础。现在，一切都好起来了，为什么不能和好如初呢？”

姜子牙说：“我们哪里还有什么感情可言，当初你离我而去，可曾在意我劝你留下的话？既然你选择了离开，就好比一杯水倒在了地上，倒出去时轻而易举，收回来可就难了。”说完，姜子牙把一杯水倒在地上，水立即渗入地下，眼见是收不回来了。

这就是覆水难收的典故。

一句话说出口之前，你是它的主人；但是在说出口之后，它就会立即成为你的主人。一个谎言出口，别人会进行质疑，你不得不再编出十个谎言去圆，对方再质疑，你再编出一百个、一千个、一万个，直到完全崩溃。因此，在一句话出口之前必须深思熟虑，切忌因为一时的“心直口快”而陷自己于被动。在历史上，因为一句话而得罪人、办错事甚至丢掉性命都是很常见的。这里所说的“三思”其实只是一种意识，真正在沟通中付诸实际时可能连一秒钟都用不了。

相信很多人都有过这样的经历：“哎呀，话一出口我就后悔了。”“真不该多那一句嘴。”“要是我什么都没说就好了。”这样的事情在我们的生活和工作中屡见不鲜，究其原因，就是因为我们说话时没有“覆水难收”的意识。如果你不幸养成了这样的习惯甚至毫无更正的意识，那么长此以往你的人际交往必定陷入一塌糊涂之中。要知道，只要恶语出口，哪怕你本身并无恶意，也会不可避免地中伤别人，这对于你来说是有百害而无一利的。

具体来说，我们应该从以下三个方面审视自己，三思后言：

第一，审视自己的心态。一个人对心态的重视程度完全可以和他的成熟程度画等号，因为心态越好的人通常越成熟。一个具有良好心态的人在面对事情时不会出现较大的情绪波动，思想不会被带入死胡同。因此沟通前应该有意识地建立良好的心态。

第二，审视自己的思维。我们要把握好三个方面：一是积极接触正面事物，最简单的方法就是结交一些阳光开朗和外向活泼的朋友，在他们的带动下走出灰暗；二是积极调整自己对世界的认识，要了解一些正面的理论指导，从而挤掉头脑中的负面想法；三是积极努力地去进行实践，因为再好的理论指导也要通过实践，才能真正内化为自己的思维，从根本上保障自己不会因为一时嘴快而出口伤人。

第三，审视自己的情绪。一个动不动就产生剧烈情绪波动的人很容易说出让自己后悔的话，甚至做出让自己后悔的事。因此，一旦我们的情绪出现波动，哪怕只是刚刚露出一个小小的端倪，也要马上有一个声音对自己说：“请注意，不要失去理智，你已经做过太多让自己后悔的事情了。”当这样的心理暗示成为习惯，情绪邪魔就会逐渐褪去，进而让自己的所说所做完全受思维控制，同时促进自己的思维和心态形成良性循环。

总而言之，我们要把自己的注意力从别人身上转移到自己身上，并且从口头转移到自己的内心，确保不因一时的起心动念而做下后悔事。哪怕我们的话已经涌到嘴边，只要我们意识到可能有所不妥，就要在中立即按下“暂停键”。要时刻谨记，只要话未出口，一切就尽在掌握，而出口之后就只能处于被动了。

第八章

瞅准时机，幽他一默

《新华辞典》对“幽默”一词的解释是：言谈举止有趣而意味深长。这使我们在增强自身的幽默修为时有了一个很好的参照。应该说，幽默不仅是一种语言技巧，更是一种思考方式和生活哲学，如果我们能够用幽默的眼光去看待问题，用幽默的方式去思考问题，我们的言行举止自然会伴随着幽默的意味。如此一来，无论是在生活还是在工作中，我们都更易受到大家的欢迎，顺畅沟通也就不在话下了。

幽默：活跃交谈气氛的绝招

幽默是一个人的学识、才华、智慧和灵感在语言表达中的闪现，是一种“善于捕捉笑料和诙谐想象的能力”，是对社会上各种不协调与不合理的荒谬现象、弊端、偏颇、矛盾实质的提示和对某些反常规言行的描述。

美国心理学家赫布·特鲁曾经说过：“幽默可以润滑人际关系，消除紧张，减轻人生压力，使生活更有乐趣。它把我们从个人的小天地里拉出来，使我们一见如故，寻得益友。它帮助我们摆脱窘迫和困境，增强信心，在人生的道路上知难而进。”因此说，幽默在人际交往中起着非常重要的作用。

在公共汽车上，乘客和售票员有时会有一些小摩擦，一点小事就会引起激烈的舌战。比如，有一次，一位乘客由于没有听清报站名，错过了站，于是他慌慌张张地擂门大叫：“售票员下车！”而售票员瞪眼瞅着他，正在酝酿几句一鸣惊人的奚落话。假如这时有一位乘客能及时插嘴说：“售票员不能下车。售票员下车了，谁来售票？”不但那位错过站的乘客会报以微笑，可能连售票员也会变得和颜悦色起来。

同样，当我们要表达内心的不满时，假如能够使用幽默的语言，那样别人听起来也会顺耳一些。比如，小陈和他的女朋友去咖啡店里喝咖啡，可是端上来的咖啡差不多只有半杯，这时小陈笑嘻嘻地对咖啡店主人说：“我有一个办法，保证叫你多卖出三杯咖啡，你只要把杯子倒满就可以了。”小陈巧妙地运用幽默来表达失望感，才没有让对方感到难堪。或许小陈并没有喝到满满一杯咖啡，但他却得到了友善、愉快的服务，咖啡店的主人更会欢迎小陈再次光临该店。

幽默是日常生活中不可缺少的调味品，当朋友们一块儿结伴去旅行或相邀聚会时，旅途中的疲惫和长时间静坐而相对无语会让人觉得沉闷难受，如果这时有人讲了一个笑话，就能改变当时的气氛，增加乐趣。

无论在何种场合、何种时间，一个幽默的人必定比一个死板严肃的人受欢迎得多。即使是发生了令人尴尬的状况，也可以摆脱困窘，轻松处之。试着客观一些去面对你的过失，恢复情绪平衡，说个幽默的故事，气氛会马上变得轻松起来。

那么，我们应该怎样培养自己的幽默感，以增加在人际交往中的砝码呢？

首先，你要做一个乐观自信的人。

幽默的心理基础是乐观、自信、积极向上的心态。一个悲观颓废的人是没有心情幽默的。要培养自己抵抗挫折的能力，做事情不怕失败，即使失败也要看到事情积极的一面，而不是一味地怨天怨地。不仅不能怕受人嘲笑，还要善于自嘲，这种自嘲实际上是建立在自信的基础之上。

其次，注意锻炼自己的思维和表达能力。

幽默的谈吐具有反应迅速的特点，这就要求说话者思维敏捷、能言善辩。丰富的词汇有助于表达幽默的想法，如果词汇贫乏，语言的表现能力太差，那也无法达到幽默的效果。

最后，就是日常生活中不断地积累。

多读、多看、多听、多学，拥有的幽默资料多了，可以模仿、借鉴、参考的素材就多。试试在自己所处的情境下怎样套用别人的幽默话语，练习的次数多了，幽默就成了你自己所拥有的财富。记住不能为了幽默而幽默，强求幽默效果，反而会弄巧成拙。

总之，恰到好处的幽默是智慧的体现，当你掌握了幽默这门人际交往的艺术时，你会发现与人沟通不再是一件困难的事情。

张冠李戴：一种别致的幽默技巧

我们在观看马戏团的演出时，经常会觉得那些穿服装的猴子、猩猩特别滑稽可笑，因为动物类本来不具有某些人类的特征，当把人类的东西强加于动物身上时，自然就会给人一种不协调感，所以容易让人们为之发笑。这就是张冠李戴所造成的喜剧效应。

说话也是这个道理，如果故意用甲来代替乙，并使其在特定的环境中产生不协调性，那样就能带来强烈的幽默效果。

一次，当一位老师正在讲课的时候，一个调皮的学生在下面突然学起了鸡叫，课堂上顿时哄笑成一团。这时，这位老师镇定地看了看自己的手表，然后不紧不慢地说："看来我这块表走得实在是太慢了，竟然已经慢到了凌晨。但是，请同学们相信我，公鸡报晓是低等动物的一种本能。"同学们听到老师的话后，一边笑，一边用责备的眼神注视着那个恶作剧的同学。那个同学的脸早已通红，课堂渐渐安静了下来，这位老师又继续上课了。

这位老师说的话引起了同学们的一笑，不仅活跃了课堂气氛，而且还使那位恶作剧的同学感到羞愧，停止了恶作剧，可以说是一举两得。老师的话妙就妙在没有直言指责那位恶作剧的同学，而是使用环境替代法使其形成强烈的反差，所以产生了幽默感。这种不直接表述某种事物，或不直说某事某人的名称，而是用其他相关的词语、名称来取而代之的幽默方法，我们称为“张冠李戴”。

选择恰当的“冠”，主要有两种方法。一种是从现成的行业术语、专业术语、政治术语中去选择，另一种是在说话过程中选择适当的词语来完成换名，这种选择和应用相对要难一些，但只要替代得好，就会更有现场效果和机智的幽默感。

某班要进行历史考试，老师对学生们说：“考试的时候，请同学们‘包产到户’，不要走‘共同富裕’的道路。”同学们都知道老师说的话的意思是不允许大家抄袭别人的考卷，要自己答自己的卷子。但是，老师的话妙就妙在没有直接说出考场纪律，而是用农村改革中的两个专有名词来说明。“包产到户”代替“自己答自己的卷子”，“共同富裕”代替“互相抄袭”。因为“包产到户”和“共同富裕”的巧妙借喻打破了考场上紧张严肃的气氛，从而形成了强烈的反差，产生了幽默感。

一名记者对某位长寿老人进行采访，请他谈一谈长寿的秘诀。老人笑着回答：“秘诀只有一个，那就是保持‘进出口平衡’。”这句话，让在场的所有人都笑了。“进出口平衡”本来是外贸行业里的一个常见术语，却被这位老人借代到饮食养生问题上来，其言外之意是显而易见的，说明了新陈代谢对身体的重要意义，让人听了感觉趣味无穷。

此外，运用张冠李戴幽默法时，还可以采用以古代今或以今代古的方法，由于这种张冠李戴时空跨度很大，相互代指很容易产生幽默的效果。

有位老师在给同学们讲《有为神农之言者许行》这篇课文，当讲到许行穿的、戴的、用的都是“以粟易之”时，她是这样说的：

“许行每天都忙得不得了，今天去超市，明天去百货批发公司，后天又得去工厂加工订货……”讲得同学们都开心地大笑起来。

这位老师是有意张冠李戴，用现代的名称和事物代指古文中的“以粟易之”，这种借代方式使人容易理解原文的意思，还能让同学们在轻松愉快的氛围里专心听讲。

不过，在运用张冠李戴的幽默方法时，要注意一点，就是在采用借体时，要让双方都明白那个借体——“用来代替的事物”是怎么回事。如果采用对方不明真相的借体，你的幽默力量就不会传递给对方，那么你的幽默也就不会成功了。

✿ “夸大其词”：渲染出来的幽默

只要一提起卓别林，没有人不会想到他的那身行头——那手杖、那衣服、那特大皮鞋，还有他那外八字腿别别扭扭的走路动作。只要模仿他的人把这些都模仿到了，他的味道也就有了。这位幽默大师最令人印象深刻之处就是他的“夸张”！

夸张，是一种为了达到某种表达需要，对事物的形象、特征、作用、程度等方面故意进行夸饰铺张，言过其实地进行扩大或缩小而引起想象力的修辞手法。夸张是故意扩大或缩小客观事物，不过仍然能够让人感到真实而合理，从而达到幽默的效果。

夸张能使平凡的生活琐事带上一层放大的色彩，从而产生强烈的幽默感。一般常采取大词小用、小词大用，并根据现有条件进行合理想象和似是而非的逻辑推理，将结果极力夸饰变形，产生诙谐幽默的效果。

一个法国女人、一个英国女人和一个美国女人在一块儿聊天，她们正在吹嘘自己国家的火车是多么快。

法国女人说：“我们国家的火车快极了，路边的电线杆看起来就像花园里的栅栏一样。”

英国女人赶忙接上说：“我们国家的火车真是太快了！当火车前行

时，要往车轮上不断泼水，否则，车轮就会变得白热化，甚至会熔化。”

这时，那位美国女人不以为然地说：“那又有什么了不起的！有一次，我坐我们国家的火车去旅行，我女儿到车站送我。我刚坐好，车就开动了。我连忙把身子探出窗口去吻我的女儿，没想到竟然吻着了离我女儿十英里远的一个满脸黑乎乎的老农夫。”

2006年的央视春晚，赵本山与宋丹丹、崔永元合作演出的小品《说事儿》，其中有这么一段：

白云（宋丹丹）：“你说就他吧，就好给人出去唱歌，你说就这嗓子能唱吗？那天呢，就上俺们那儿敬老院给人唱歌，总共底下坐着七个老头，他‘啊’的一嗓子喊出来，昏了六个。”

小崔：“那不还有一个嘛。”

白云：“还有一个是院长，拉着我的手就不松开，那家伙可劲地摇啊：‘大姐啊，大哥这一嗓子太突然了，受不了哇，快让大哥回家吧，人家唱歌要钱，他唱歌要命啊！’”

即使本山大叔唱歌再吓人，也不至于七个大爷昏倒六个吧！这里分明是采用了夸张的语调，告诉小崔本山大叔不擅长唱歌。

在和人交流时，如果采用夸张的说话方式巧妙暗示，就容易产生特殊的幽默效果，那样不但不伤和气，还能表达出自己的看法和意图，而且夸张制造出来的幽默，常常带有讽刺意味。

马克·吐温有一次坐火车到一所大学讲课。由于上课的时间很快就要到了，他非常着急，可是火车却开得很慢，于是他想出了一个发泄怨气的办法。当列车员过来查票时，马克·吐温故意递给他一张儿童票。列车员一看，故意仔细打量，说："真有意思，看不出您还是个孩子哩！"马克·吐温说："我现在已经不是孩子了，但我买火车票的时候还是孩子，因为火车开得实在太慢了。"

火车开得很慢确是事实，但也不至于慢到让一个人从小孩长成大人。原本马克·吐温想说的是车速太慢了，可是他没有直接向列车员抱怨自己的不满，而是巧妙地把火车的缓慢程度进行了无限制的夸张，令人捧腹大笑，在相对轻松的氛围里表达了他的抗议。

不过，需要注意的是，并不是所有夸张都能产生幽默。如"白发三千丈"就只是夸张名句而并非幽默，夸张要产生幽默，还要同生活中的错谬乖讹或滑稽可笑之处相联系，也就是通过对生活中的乖讹可笑之处极力地进行夸大渲染，来揭示生活中某些不合理或不和谐的现象，进行善意的嘲讽和规劝。

幽默不是要让人惕惕然，更不是让人愤愤然，而是要让人欣欣然如沐春风，这才是幽默的原则。

✽ 幽默式批评：避免尴尬又能增进感情

一般来说，批评性谈话具有否定性，极易造成谈话双方心理上的不相容性和相互排斥性，最终影响谈话效果。但是，如果在批评中适当地运用幽默，比如在批评他人的过程中使用含有哲理的故事、双关语、形象的比喻等，就能缓解被批评者的紧张情绪，启发被批评者的思考，从而增进相互间的感情交流。幽默婉转的批评，往往能让人在笑声中坦然接受，其效果要远胜于疾言厉色的批评或是苦口婆心、喋喋不休的劝诫。

伏尔泰曾有一位仆人，有些懒惰。一天，伏尔泰请他把鞋子拿过来。鞋子拿来了，但上面布满了泥污。于是伏尔泰问道："你早晨怎么不把它擦干净呢？""用不着，先生。路上尽是泥污，两个小时以后，您的鞋子又要和现在的一样脏了。"伏尔泰没有说话，微笑着走出门去。仆人赶忙追上去说："先生慢走，钥匙呢？我还要吃午饭呢。""我的朋友，还吃什么午饭。反正两小时以后你又将和现在一样饿嘛。"

伏尔泰巧用幽默的话语批评了仆人的懒惰。如果他厉声呵斥他、命令他，就不会有这么好的效果了。

幽默式批评具有春风化雨、润物无声的效果，能使人获得一种情感上的滋润，营造一种融洽的氛围。如果能通过幽默来批评他人，不仅能表现出你的机智和宽容大度的修养，而且能够使人感受到温馨和期待，最终达到教育他人的目的。

几个属鼠的同学在一次考试中考得特别好，挺得意，有点骄傲，当他们的班主任发现以后，就对他们说："怎么，骄傲了？你们知道骄傲意味着什么吗？请注意下午的班会。"听完老师的话，那几个学生想：糟了！在下午的班会上，等待自己的准是一阵猛批！

可没想到的是，班主任在班会上的批评并非狂风暴雨，反而妙趣横生。他说："林子要是大了，什么鸟儿都有；天下大了，就什么老鼠都有。我听过这么一个故事：有只小老鼠发现两个孩子在下兽棋，小老鼠就悄悄地看，还发现了一个秘密：尽管兽棋中的老鼠可以被猫吃掉、被狼吃掉、被虎吃掉，却可以战胜大象。于是这只小老鼠立刻认定，自己才是真正的百兽之王呢！这么一想，小老鼠就得意了起来，从此瞧不起猫、看不起狗，甚至拿狼开心。有一天，它还大摇大摆地爬到老虎的背上，恰好老虎正在打瞌睡，懒得动，就抖了抖身子。小老鼠于是更加得意。一次，它趁着黑夜钻进了大象的鼻子，大象觉得鼻子痒痒的，就打了个喷嚏，小老鼠立马像出膛炮弹似的飞了出去，最后，扑通一声掉到了臭水坑里！好，现在我们来看一下'臭'字的写法，'自''大'再加一点就是'臭'。今年正好是鼠年，咱们班有不少属鼠的同学，那么，这些'小老鼠'们会不会也掉到臭水坑里呢？我想不会，但必须有一个条件，那就是永不骄傲！"

说完，这位班主任还特意看了看那几个属鼠的同学。那几个同学当然明白，老师的批评全包含在那个有趣的故事里了，他们很感激班主任，很快意识到了自己的缺点。

尽管很多幽默被用于揭露弊端，讽刺卑俗和愚蠢，不过它绝对没有锋芒毕露、咄咄逼人的气势，也不是无情的嘲笑与谴责，它总是和颜悦色、心平气和地纠正人们的毛病与缺点，让人们在笑声中看到自己或他人的丑行或影子，然后彻底悔改。

在一家餐馆里，一位顾客正在把米饭里的沙子一粒一粒地挑出来摆在桌子上。服务员不好意思地说："净是沙子吧？"顾客笑笑，摇摇头说："不，还有米饭。"

这位顾客没有直接批评米饭的质量，而是抓住服务员说的"净是沙子吧"来做文章，便说"也有米饭"，通过否定的形式来肯定米饭中有很多沙子，就显得比较委婉。这样说既表达了自己米饭中沙子过多的不满，又不至于让对方过于尴尬。

幽默式的批评绝对是一种艺术，它能避免因严厉的批评带来的逆反心理。不过，要注意的是，不可以滥用幽默讽刺来挖苦他人，有意或无意地贬损了他人的人格会产生极大的负面效应。

第九章

别拿情商不当回事

出现情绪波动时，我们总是会提醒自己不要冲动，或者劝诫别人保持理智。然而，人真的能够永远保持理智吗？实际上，在遇到我们理解不了、接受不了和控制不了的事情时，即使我们努力克制，坏的情绪还是会乘虚而入。好的情绪可以靠理性的做法来营造，这就不可避免地涉及情商的修养。一个拥有高情商的人不仅能够在聊天中自如地调节自己的情绪，还能够成功地调动别人的情绪。

人都是感性动物

天气阴沉沉的，大雪忽然降了下来，整个机场很快就白皑皑的一片了。

滞留在候机大厅内人的乘客一个比一个火大，他们摔摔打打、骂骂咧咧，把满腔的怒火都发泄了出来。服务员见大家情绪波动剧烈，希望为众人降降火，上前劝说道："乘客朋友们，请耐心等候，天气预报部门说大雪马上就会停，我们的工作人员会在雪停之后立即出动清扫，一定争取最短时间内起飞。"

没想到乘客们不但不买账，反而将"炮火"集中到了服务员身上：

"说得好听，大雪一会儿要是不停怎么办？"

"耐心等候？你们航空企业向来不拿乘客的利益当回事，少在这猫哭耗子假慈悲。"

"天气原因不可避免，可是你们早干吗去了？为什么不提前通知大家？"

"我这一分钟几百万的生意，搞砸了你们赔得起吗？"

"我们不想听你废话，赶紧把经理叫来。"

服务员被众人你一言我一语说得满肚子的委屈，她提高音量对众人说："你们这些人怎么回事？为什么不讲道理啊？"

众人本就一肚子怒气，见服务员态度不好，一个个更加气愤了。

服务员招架不住，转身跑到了办公室，迎面碰上经理。

经理很平和，柔声细语地劝她说：“顾客没有叫你，最好不要轻易上前。既然你已经和他们接触了，就要控制好情绪，你代表的是公司利益，要有大局观念。”

服务员正想找人撒气呢，见一向老好人的经理这样站着说话不腰疼，立即对他说：“要我考虑公司的利益，公司什么时候考虑我的利益了？”

经理也有点不高兴了，板起脸说：“你怎么能这么说话呢？”

服务员说：“我怎么说话了？有什么事都把我们往前推，受了委屈只能往肚子里咽，凭什么？”

经理也急了，呛着脸说：“你这是什么态度？你要好好反省自己！”

服务员丝毫不让，一摘帽子扔给经理说：“要反省你自己反省吧，我不干了！”说完转身离去。

除非与这个世界无关，否则与人打交道必然会有情绪，每个人都一样。

案例中的乘客、服务员和经理都没有错，甚至本来还有些相互的关心和理解，在我们旁观者看来他们也都是很无辜的。但是人们身在其中，糟糕的事情临头，情绪还是不可避免地恶化了。

具体来说，乘客不知道服务员一点责任都没有，服务员不知道经理也是从服务员阶段工作过的，经理也不知道服务员需要得到体谅的诉求。于是，三者的关系就像一个火药桶，一场大雪就把他们点燃了。

在每个人的头脑中都有分管感性和理性的两个分区，二者间并不是从属关系，而是相互平行的。当某件事的出现让我们形成心理反应后，如果没有经过有意识地修炼并养成习惯，感性分区会首先对我们的身体发出指令，从而做出感性层面的反应。接下来，理性分区会被强力压制，感性分区则大行其道，让我们进入一种失去理智的状态。事情过后，感性分区和理性分区全部归于冷静，理性分区就会开始起到应有的作用，再加上失去理智时做的一些错事，后悔的心绪自然就会产生了。

案例中的客户本来知道降雪是不可抗力的天气因素，但是等待自己去做的事情太多、太急，因此他的情绪很糟糕，并且迁怒于人；服务员也知道客户需要及时的开解和疏导，因而才会上前劝说，但是客户的反应让她觉得非常委屈，于是她的情绪也开始走向负面；经理更知道服务员受了委屈，此时正需要他的理解和安抚，但是服务员说话的态度让他觉得没法接受，即便他知道不应该在服务员情绪波动的时候解决问题，但是为了震慑下属，他不得不表现出很强势的样子，以至于对服务员的情绪火上浇油，最终令她走向了极端。

明知不能这样做，但还是不由自主地这样做了，称之为“情绪劫持”，实际上就是自己失去了对自己的控制。情绪对人们的大脑机体起到一种调节作用，在情绪积极的时候，人们思维活跃，容易看到事物积极的一面，也乐于接纳不同事物。这个时候进行沟通是高效的，也是易于达成预期效果的。

相反，在情绪消极的时候，人们的思维闭塞，容易看到事物消极的一面，思维和行为都会陷入极端，基本上不会再接纳任何事物。这个时候进行沟通就是低效的，哪怕百般努力，也很难达成预期的沟通效果。因此，在别人心情好的时候沟通是非常明智且具有科学依据的。

情绪状态对于沟通是有价值的，如果我们想让沟通过程事半功倍，就要在正式沟通前调节好自己和对方的情绪。换句话说，要让情绪“为我所有”，也要让沟通处于理智状态下，否则不如不沟通。

沟通如搔痒，找准位置最重要

如今的医患关系越来越紧张，已经成为一个备受关注的社会问题，医患间出现口角后由此上升为肢体冲突的事件不在少数。

2014年3月，程先生的妻子在北京东城区某医院做完剖宫产手术，全家都沉浸在宝宝降生的喜悦之中。然而，修养恢复中的妻子脸色却越来越差，手术两天后她开始觉得腹部有些隐痛，一天夜里甚至出现休克。

经过检查，医生发现程先生的妻子腹部有异物，初步分析是剖腹产时医生遗留在里面的纱布。后经手术拿除，证明医生判断正确，妻子肚子里的异物正是一团纱布。程先生确认这一信息后火冒三丈，冲到妇产医院大闹了一通。

院方了解到情况后，让主刀医师出面解决此事，这位医师没有处理此类事件的经验，情急之下居然下跪求饶。程先生见此情形不仅没有消怒，反而更加气恼，对该主刀医师破口大骂。因为事故的责任主要在一位实习生身上，主刀医师气不过，再加上程先生如此做法，便站起身还了几句嘴。程先生更加怒不可遏，冲上前对主刀医师施暴，同时叫来帮手协助。

事后，警方介入此事，经过协调，医院向程先生的妻子赔偿41万元医药护理费，另计23万元精神损失费。程先生因为聚众滋事，被东城区警方收押，处以15日拘留和3000元罚款。而被程先生殴打的主刀医师也因为多处骨折和脑震荡从程先生处获赔17万元。与此同时，院方为求自保，公开除名该主刀医师，另付遣散费若干。

当某人处于情绪失控状态时，他就像一个被点燃了导火索的火药桶，随时都有爆炸的可能。这个时候，如果我们在聊天中不想办法把导火索扑灭，甚至火上浇油，就有可能和对方在争执不休中将矛盾升级，最后“同归于尽”。因此，在遇到类似情况的时候，交流中应该做的就是让对方先冷静下来。案例中，院方让主刀医师出面解决此事是一个极不明智的决定，因为他的露面会让事情火上浇油。其次，主刀医师以下跪的方式请求谅解同样不可取，一方面有损自己的尊严，一方面也有逼程先生原谅自己的意味。

作为程先生来讲，一个自然而然的情绪反应就是：你以为下跪就可以了结此事了吗？而当我们仔细剖析此事的时候，就会发现主刀医师在沟通之前也存在着情绪问题。他可能觉得，作为一名主刀医师，他已经完成自己职责范围内的事情，可能在此之前的所有剖宫产手术中他都是这样做的。但是这一次，由于一个实习生的疏忽导致了问题出现，最主要的责任并不在自己。而且院方让自己出面解决此事，显然有意推卸责任，同时给他出了一个大难题，他在程先生面前的一跪究竟包含了多少含义，恐怕连他自己也说不清楚。

在此条件下的有效沟通，首先需要营造积极的情绪，当我们意识到这一点的时候，调解的沟通才刚刚开始，因为在沟通中如何具体调整彼此的情绪是至关重要的内容。通常来讲，面对不同的情绪问题要采取不同的分析方法和应对策略，如此才能避免隔靴搔痒的困境。我们要谨记一点，就是不管我们说什么，最终目标都是让对方的情绪归于理智，然后才能开始实质沟通。否则，我们的做法很可能遭遇阻力，甚至让自己也在不知不觉中滑向情绪失控。

比愤怒状态稍缓一级的是质疑情绪，这类情绪虽然比愤怒平和，但是处理起来却更加棘手。一方面，这类情绪比较隐蔽，如果我们没有充足的意识，沟通一方存在这种情绪的时候很难被我们察觉。另一方面，存在这一情绪的沟通者基本与其多疑的性格密切相连，因而很难被我们从负面情绪中引导出来。面对这类情绪的沟通者，我们要学会寻找时机，比如等到对方的情绪好转或者我们能够找到比较强有力的“证据”时再切入，如果没有适当的时机也要注意方式方法，并且做好“打持久战”的准备。

还有一类是兴奋情绪，这类情绪已经可以划归积极的沟通情绪，但是所谓乐极生悲，交流时同样需要谨慎应对。处于兴奋状态中的人容易情绪失控，他们干劲十足，信心满满。可惜一旦遭遇挫折，情绪波动就会把他们的思维带入极端，而他们所形成的巨大力量也可能由此转变为破坏力。因此，我们面对处于兴奋状态中的聊天对象时应该对待如同面对喝醉了酒的人一样，他们夸下的海口不要当真，让他们去做的事情要量力而为。当然，如果我们自己在交谈中不小心滑入兴奋状态，就要有“急刹车”的意识，及时叫停自己的行为，确保自己的情绪冷静下来之后再继续交流。

最后是理智情绪，可能在很多人看来，处于理智情绪的人最好沟通，只要和他们摆事实、讲道理就好。然而恰恰相反，任何一个惯于用理性思考问题的人都会形成自己坚定的认知观念和思维方式，他们会坚信自己做的每件事都是正确的。如果我们遇到的人与

自己思路相同并且观念相近，那么沟通起来自然没有问题；但是如果对方与我们思路相左、观念相反，即使他们很理智，沟通起来同样会很吃力。面对这类情绪的沟通者，我们首先必须让自己远离情绪化，否则对方会关闭自己的心理机制，从心理上拒绝与我们进行实质性的沟通。为了促进沟通效果，我们还要积极调动对方的情绪，只要沟通对象的情绪活跃起来，预期的沟通目标还是很容易达成的。

✿ 不要让自己轻易钻进死胡同

早晨刚刚打开电脑，准备开始一天工作的党飞忽然停下，一股莫名其妙的烦躁忽然向他袭来。落座之后，党飞登录QQ聊天器，看到自己的几个朋友都在，就想和他们随便聊点什么散散心。

党飞说："方案策划思路枯竭，内容填充工作量大，同事爱答不理，领导动不动就摆脸色，日子怎么过成这样了？我上辈子是不是欠了他们的钱啊？"

初中同学"小猪快跑"说："多大点事儿啊？咱们都是做大事的人，你得拿出当年带着我们偷西瓜的气势，用你的聪明才智征服他们！我就不信了，堂堂的党飞大英雄，还能让一群小虾小蟹的搞坏了心情？我在这里坐等你升职加薪的消息，记住啊，天上飘来五个字——这都不叫事。"

高中同学"吃草的牛"说："你不要万事从主观角度出发寻找原因，而是要尽量把思路校正得客观合理，只有这样才能在人际交往中站住脚。你说同事不爱搭理你，那你有没有主动和同事搭过讪？有没有不求回报地帮助过他们？你又说领导总给你摆脸色，你的臭脾气我也不是不知道，什么时候能改改？做人，一定要学会客观分析问题，要懂得转换思路，反思自己。"

大学同学"只剩中指"说："别说你了，我怎么样？我爸每年给我们老板介绍多少生意？这孙子照样处处和我过不去，要不是我爸那头压着我，大爷早就不伺候他了。还有那些同事，说好听的是一帮势利眼，说不好听的就是一群狗奴才。我准备再忍俩月，到时候我就辞职！谁也别想拦着我。”

党飞把“吃草的牛”和“只剩中指”的对话框关掉，把“小猪快跑”的对话框留下，把里面的内容又看了三遍后，信心满满地投入到了一天的工作中去。

生活和工作中遇到这样的回复，相信你也会做出和党飞相同的选择。原因很简单，我们需要的建议是能够帮助我们走出困境的，而不是让我们的处境雪上加霜的。每个成年人必然都有自己“独到”的见解，因而在收到朋友求助信息的时候，人人都难免根据自己的经验做出一番分析。殊不知，我们的分析固然有道理，出发的角度却过于主观，有时会不可避免地让自己的思路走进死胡同。

尤其是在别人向我们寻求帮助的时候，对方需要的往往并不是长篇大论的分析及火上浇油的“同仇敌忾”，而仅仅是几句安慰和激励的话。可惜，很多人一旦收到别人的求助信息就会觉得对方是在“虚心”向自己求教，如果不好好“教导”对方一下，就显不出自己的阅人无数和饱经风霜，其实不然。如果我们能够轻声问一句：“怎么了？”也许就能引爆对方的倾诉欲，这个时候我们只要静下心来倾听，就能够帮助对方解决问题，同时得到对方的信任和感谢。

有时候，别人在与我们交流的过程中可能会时不时地显摆一下。遇到这种情况该怎么办呢？可能有些人会觉得：你穷显摆什么呢？不就是取得了一点点成就吗？一点都不懂得低调做人的道理。

如果我们有这样的想法，最好只是让它停留在想法阶段，否则出口必定伤人。因为虚荣心是每个人都有的，对方取得了一些突出的成绩时，显摆一下也是非常正常的事情。这个时候，哪怕我们已经看穿了对方的心理，又何妨送上几句赞美的语言，让彼此之间还能愉悦地继续交流呢？如果此时的你非要显示自己的“聪明”甚至表明自己的“个性”，从实质上来讲，你和他又有什么区别呢？

其实，别人主动与我们沟通的时候，需要的并不是真正的解决方案，也并不想征求多么有价值的建议。退一步讲，即使对方的目的在于此，如果我们不能首先给出情感上的理解和支持，也别想完成顺畅的沟通。以老师为例，有些老师受到学生的欢迎，学生在这门课的成绩就会越来越好；有些老师不受学生欢迎，学生在这门课的成绩就会差些。说白了，就是学生在感情上有没有接受这个老师，并且在此基础上建立高效的沟通渠道。可以说，情绪是我们在沟通中最该关注的因素，提高情商以避免沟通时进入僵局，是每个聊天高手势在必行的沟通修为。

✿ 记忆深刻，源自交谈愉悦

通常来讲，我们大脑中的记忆都是由两部分组成：一部分是情绪；另一部分才是情景。这两部分虽然有自己的独立分区，但它们之间却是相互关联、密不可分的。在每个人的大脑中都有一个叫作“杏仁核”的器官，它的作用就是储存我们的情绪记忆，而情绪记忆就是我们在经历某件事时内心的感情波动。比如我们会因为回忆某件事而高兴或伤心，也会因为高兴或伤心而想到某件事。因此，在与人沟通的时候，能否让对方保持愉悦情绪将直接决定对方能否记住我们。

在我们的生活和工作中，如果某个人曾经让我们感到开心，那么他在我们大脑中的记忆就会绑定愉悦标签。事实上，我们也会比较期待能够与他们沟通，因为那会让我们再次感受到愉悦的心情。如果下次再与之进行沟通，即使起初的心情不怎么好，见到他们并与之沟通时也会心情变好，从而为接下来的沟通打下基础。相反，如果某个人曾经让我们感到难过，我们想到他的时候就会感到厌恶，将来不但会排斥和他们沟通，即使必不可免地进行沟通，也会无一例外地陷入低效。

其实，每个人都向往好的情绪，有时候仅仅是别人的一个微笑就能带给我们一整天的精神愉悦。面对一个生活圈子或工作集体，如果整个氛围是和谐融洽的，我们也会乐得融入其中，否则迟早会选择离开。面对集体如此，面对个人同样也如此，如果我们想要给人留下深刻印象，就要努力打造自己的阳光形象，让愉悦沟通成为自己的习惯，如此必定能够受到每个人的欢迎。

要时刻谨记，没有人喜欢被别人批评，哪怕只是被评价，更没有人愿意成为欺骗和抱怨的对象。哪怕对方只是让我们感到不舒服，甚至我们根本说不出对方让我们哪里不舒服，也不愿意接近他，至少不愿意和批评我们的人做朋友。有句流行语说："爱上你，只是因为爱上了自己爱你的样子。"从根本上来讲，我们会关注每个人的情绪，也会照顾别人的情绪，但永远都是在乎自己的情绪多一些。因此，一旦有人在我们面前表现出坏情绪，我们首先应该反思的是自己有没有给对方带去坏情绪。

还有很重要的一点，就是我们必须在交流过程中保持平等心态。具体来说，如果我们不是某个领域里的顶级专家，不是受人尊重的师长，不是德高望重的领导，不是万众瞩目的成功人士，那么千万不要用教育人的口气与对方交谈。退一步讲，即便我们具有上述身份和地位，如果总是板起面孔教育人，也会让沟通效果不同程度地打折扣。优秀的沟通者一定知道做"镜子"的道理，即现身说法地去践行所有道理，然后让别人结合自己的实际想法和做法去反思，直到他们能够和"镜子里"的自己如出一辙。

作为一名优秀的沟通者，我们还必须具有一种最基本的素质，就是善于倾听。为什么要倾听？答案很简单，因为我们的沟通对象需要倾听。当对方主动约会我们的时候，当对方主动接近我们的时候，当对方滔滔不绝的时候，他们需要的很可能只是一个倾诉的对象。只要我们认真倾听。并时不时地给出一点回应，对方的情绪就会一点点好转，同时对我们的好感也会一点点增加。在此过程当中，情感的共鸣会在不知不觉中产生，在此之后的沟通过程中，你的一个细微表现也可能会被对方准确地接收到，这通常也是我们增进感情的表现和渠道。

在此基础上，我们还要懂得在情感上投其所好，送其所需。比如对方是一个感情细腻的文艺小青年，我们与之沟通的时候自然要避免在感情上大开大合，而是应该细致入微地与之喃喃细语，并且敏锐地关注他们的情绪反应。为了尽可能地营造气氛，我们还可以多谈论一些相应的话题，这样很容易让对方现身情境，滔滔不绝地和我们交谈起来。顺畅地沟通是一件非常让人愉悦的事情，而这种愉悦最终会作用到我们身上，反过来我们再与之进行沟通，预期的沟通效果就很容易达成了。

总而言之，趋利避害是人类的本性，如果我们总是在与人沟通的过程中传递负面信息和能量，肯定会让对方感到不愉快，沟通的效果和结果可想而知。相反，如果我们能够在与人沟通的过程中不断传递正面信息和能量，就会让对方逐渐放松、愉悦和开放，这个时候沟通的效果和结果都会按照预期的发展推进。何况，我们积极主动地与对方沟通，对方也会积极主动地与我们沟通，这不正是每个沟通者所热切企盼的吗?

第十章

什么人“不招待见”

每个人都希望在生活和工作中得到大家的认可，但也恰恰因为如此，一旦我们掌握不好其中的尺度，就很容易在沟通中造成适得其反的效果。如此一来，就可能成为众人眼中“不招待见”的人，从而陷入越来越差的人际关系中。更有甚者，已经成为“万人嫌”却仍丝毫没有意识到自己的问题，反而觉得问题都出在别人身上。殊不知，他人反馈回来的很多微小信息都是自己“不招待见”的表现，必须将之视为校正自身交往思维和行为的依据。

✿ 千万警惕，不要出口伤人

美女前台第一天上班，自身的姣好条件加上恰到好处的穿衣打扮，让公司所有男同事都眼前一亮。然而，这位不谙世事的美女前台很快却成了所有女同事羡慕和嫉妒的对象，当一位男同事因为盯着她看而与女主管撞个满怀时，美女前台肆无忌惮地笑出了声。

女主管不悦地看了一眼美女前台，说："上班要有个上班的样子，不要打扮得这么花枝招展，你又不是来选美的。"

美女前台一脸无辜地说："可是我已经穿得很职业了呀。"

女主管说："你穿得职业吗？请你看看大家都是怎么穿的，有谁露的像你这么多。我建议你最好回家让你爸妈看看，如果他们觉得没问题，你再穿来上班。"

美女前台更加无辜，眼中噙着泪水说："这身衣服就是我妈妈给我买的，我还觉得露呢，可她说她们公司的员工都这样穿，你凭什么这样说我？"

女主管见美女前台情绪失控，更加得意地说："凭什么？就凭你妈妈让你穿这么露的衣服出来，她的价值观就有问题。"

美女前台落下泪来，说："你要对自己说的话负责任。"

女主管叉起腰说："当然，你有什么不满的地方可以向总公司负责人投诉我，我就在这里等着你。"

美女前台说：“这可是你说的，我现在就投诉你。”

女主管说：“好，有魄力。小齐，把孟总的电话给她，我倒要看看她怎么打？”

美女前台说：“不用麻烦，我有孟总的电话。”然后她接通电话说：“妈，有人说你给我买的衣服不好看，还说你价值观有问题……”

很多人在与人沟通的过程中都会追求所谓的“一针见血”，不仅不会顾及对方的颜面，甚至还想要逞一时的口舌之快，拼命把对方踩在脚下，仿佛不如此就不足以表现自己的聪明过人。要么柔声细语绵里藏针，要么含沙射影笑里藏刀，总是不出口则已，一出手就要打到别人的“七寸”。其实，这种做法是非常不明智的，虽然得到了一时的口舌之快，但是你却在对方的心里埋下了厌恶甚至仇恨的种子。如果对方是比较宽和的人还好，如果对方是一个相对狭隘的人，那么迟早有一天，会“连本带利”地将这种负能量还给你。

出口伤人尤其容易成为一些领导者的弊病，他们心里揣着铁面无私的原则，嘴上摆出黑脸判官的架势，好像下属的做法稍有不妥他们就会“狗头铡”伺候。如果我们进行仔细分析，就会发现这类人的意识中非黑即白，下属一旦越矩就是大错特错，必须加以严格惩处才能教训当事人，并且借此警示其他人。事实上，这类人即使在工作中能够站住脚，也不会成为大家真正拥护的人，说白了就是“不招人待见”。他们稍有不慎，就会走入主观思维的死胡同，变得刚愎自用，惹得大家怨声载道。

有些负面信息携带者虽然不会出口伤人，但是会出口害人，尤其是他们的话对别人形成影响的时候。通常来讲，这类人都比较多疑，而且喜欢絮叨，对人对事都比较苛刻，就是俗话所说的“事儿妈”。最要命的是，这类人通常带有悲观情绪，因而只要他们一开口就是对每样事物的不满，尤其是在遇到不平之事的时候，很容易把我们的情绪也带入负面。当我们认真与之沟通的时候，就会发现这类人通常只会抱怨，基本不会主动出击去争取和改变什么，因而他们的抱怨是毫无意义的，我们应该尽早远离这样的人。

有些人的头脑比较灵活，知道对方想听什么、不想听什么，因而总是能把大家哄得很高兴。应该说，刚一接触的时候这类人是比较受欢迎的，但是接触时间长了也会让大家觉得难当大任。如果我们有这样的问题，应该在意识到问题的基础上尽快掌握一些真才实学，切忌停留在油嘴滑舌的阶段自得自满，如果不改正到头来必定成为那个“不招待见”的人。

还有一种在交流时“不招待见”的人就是追求胜利的完美主义者。成功和胜利的获得能够带给我们利益和荣耀，因而每个人都会心向往之。但也正是因为如此，我们必须要兼顾别人对胜利的向往之心，不要总是奢求一家独大，自己把所有的好事都占尽，把所有的话都说绝。要知道，在你占尽所有好事的同时，也许已经站在了所有人的对立面。

✽ 让所有人都喜欢你

美国生理学家曾经做过一个实验，他们想办法让接受实验的100名参与者传递悲伤信息，并且让他们在陷入悲伤之后尽情地流泪。结果，接受实验的100人中有95人都表明自己的情绪有所舒缓，尽管在他们的现实生活和工作中并没有什么真正值得伤心的事。在接下来的交流过程中，生理学家发现与这些人沟通变得更加容易，很多人甚至非常庆幸能够参加这次试验。

科学家们由此得出结论，在每个人的情绪中都存在一些负面的因素，由于我们轻易感觉不到它们的存在，因而总是在不知不觉中受到影响。如果能够想办法将这些负面因素排解掉，那么不管是对于自己还是对于别人都将是非常有利的。一个最明显的表现就是排解负面情绪后的我们变得更容易与人沟通了，或者说更让人喜欢了。

为了进一步证明这个观点，生理学家还对接受实验者的眼泪进行分析，结果发现眼泪中含有高浓度的亮氨酸和催乳素，这两种物质对人体健康都是有很大危害的。也就是说，即使从生理角度来讲，负面情绪也会给我们的身体很大伤害。及时排解掉负面情绪并让自己的身体里充满正面情绪，不仅能够让我们的身体保持健康，也能够让我们的情绪和心态保持健康，从而确保我们能够拥有健康的沟通能力，并最终受到每个人的欢迎。

由于种种原因，让所有人都喜欢我们是不可能的，但是我们也不能否认，在我们的生活和工作中，确实有些人能够得到几乎所有人的青睐。这些人不见得给了我们什么好处，也不见得他们的外表条件有多好，更不见得他们的工作能力有多强，而恰恰在于他们是沟通高手。有些时候，即使我们处了下风，也还是会被他们“哄”得高高兴兴。那么，为什么我们不成为这样的人呢？

具体来讲，可以根据以下几点进行自我审视，参考内容为：

（1）不要让自己成为刻薄的人。刻薄的人通常都很辛苦，他们对自己的要求都很苛刻，并且以此为理由和标准要求别人，结果被要求的人总是会进行反抗，并且是受到的“压迫”越严重，反抗的力度就越大。刻薄之人并非真正的“严要求，高标准”，而只是借着整治别人得到自我宽慰，因而内心世界非常脆弱。如果我们发现自己有刻薄的倾向，就要学着宽容面对自己，这个世界上并没有完美，追求完美也没有任何意义。

（2）不要让自己成为傲慢的人。傲慢的人喜欢“教导”别人，即使他们自己正陷在一文不名中，也仍然喜欢对别人颐指气使，好像他们比所有人都聪明，并且比所有人都懂得多。其实，这种做法不过是为了获取存在感和成就感，如果“教导”的内容毫无意义，那么别人根本不会让我们如愿以偿。为什么有人愿意花费巨资和巴菲特吃顿饭，重要的原因是这些人希望得到巴菲特的指点，如果被“教导”的对象根本没有这样的想法，我们的做法又何其幼稚。

（3）不要让自己成为消极的人。阳光不可能普照世界上的每一处角落，能够刺痛我们双眼的光亮背后难掩见不得人的阴暗，如果我们总是盯着这些阴暗纠结不已，只能让自己变成一个浑身充满负能量的人。没有人喜欢这样的人，包括我们自己在内，如果连我们自己都讨厌自己，又凭什么让别人喜欢我们呢？唯有让自己成为一个积极向上的人，才能让沟通对象喜欢自己。

（4）不要让自己成为极端的人。极端可能会铸就一时的成功，但是这种飞蛾扑火的美丽在绽放耀眼光芒的同时，也会让自己燃为灰烬。成功能为我们带来很多，同样也会让我们失去很多。在交流开始前，要学会静下心来看世界，而不是一门心思争头筹。

✿ 面对负能量，以退为进是妙招

王宝林是一位来外务工人员，由于各方面条件受限，他只能从事街头清洁工作。由于天生脾气较大，以及对现实的不满，王宝林的情绪中充满了负能量。在工作中，哪怕只是一点小小的问题也会让他发脾气，动辄破口大骂，甚至没人招惹时他也咒天怨地。

陈青和王宝林的性格及脾气都差不多，他们的责任区又紧挨在一起，摩擦时常发生。每天早上，他们的对骂至少要持续半个小时，不是你指责我，就是我指责你。至于指责的原因，很可能是这边的一片树叶被风吹到了那边，而那边给扫了回来，甚至多扫回来一片树叶。

因为二人的责任区在一处公交站台旁，他们每天的骂战给上下班的人提供了多场“好戏”，哪天要是听不到他们对骂，大家反而觉得不习惯。二人也都能保持默契，相互之间就是各种嘴架，从来不动手，尽管两人都气得鼓鼓的。

不过，细心的人会发现，二人责任区另一边的“邻居”却始终与他们相安无事。尤其是王宝林，他做起活儿来丝毫不含糊，不仅每天早早干完自己的活儿，偶尔还会帮助另一边的“邻居”多干一点，而且态度诚恳，为人朴实。当这位“邻居”听说王宝林经常和另一边的“邻居”争吵时，他几乎不敢相信，直到有一次亲眼所见，才让他目瞪口呆。

同样的一个人，为什么在他面对不同的人时会有天壤之别的差距？我们的生活和工作中总免不了出现一些“人民公敌”，他们脾气暴躁，自以为是，动不动就和别人发生矛盾和冲突。于是，你感到愤愤不平，为了维护大家的利益，以当仁不让之势挺身而出，非要教训教训他们。结果不仅没有教训到对方，自己还惹了一肚子气，在众人眼中，你也成了和对方一模一样的人，真是何苦来着。

以暴制暴从来不是解决问题的最佳方法，我们总是想去改变别人，可是别人是那么好改变的吗？他们在生活和工作中遇到过那么多人，不是一直没有改变甚至越来越负面吗？因此，在你抱着解决问题的心思开始交流前，一定要弄清楚最关键的问题，一旦问题解决不了，它就会成为你的问题。

具体来讲，我们可以从以下几个方面进行学习，学会控制情绪，不在沟通中火上浇油：

（1）遇到为人刻薄者不妨一笑置之，保护好自己即可。可以这样说，刻薄的人都是“李寻欢”，冷不防一把“飞刀”就飘过来了。他们的“飞刀”在兵器谱上排行无人能及，我们躲还来不及，迎难而上无异于自寻死路。如果我们伸手接住“飞刀”，一时气不过再给他们掷回去，对方必定变本加厉，更加疯狂地甩“飞刀”。你若不是“李寻欢”，迟早招架不住，还不如早早地“投降”了事。

（2）遇到傲慢的人要尽早划清界限，切忌与之纠缠。在我们身边，总有些人表现出莫名其妙的优越感，尽管在别人面前他们可能会极尽阿谀谄媚之能事。遇到这样的人我们还是要以躲为主，千万不要妄想通过摆事实、讲道理改变他们的傲慢。因为这些人和我们争论的目的不是解决问题，而是单纯地就想践踏我们的尊严，以此来满足他们的优越感。因而我们可以明确地告诉他们：你是你，你可以有你的想法，我也可以予以尊重；但是我也有自己的想法，并且明显和你不一样，也请你对我予以尊重。

（3）遇到一味抱怨的人要尽快远离，因为他们不值得帮助。抱怨的人通常没有抱怨的目标，更多的时候他们仅仅是为了抱怨而抱怨，将有限的口舌之快寄托于此。仔细观察，你会发现他们的世界没有阳光、没有欢乐，简直没有任何美好的东西。如果我们与之接近，会不可避免地被他们的负能量沾染，直到我们也成为一个浑身充满负能量的人。

（4）遇到谄媚的人要保持警惕，他们多半另有所图。古语有训："无事献殷勤，非奸即盗"，如果你断定一个人是惯于阿谀奉承的，千万不要与之过分亲近。一来，他们的付出通常是为了回报，到时候我们必然会陷自己于两难的境地；二来，这类人通常有恩善忘，有仇必报，他们对我们越殷勤，就说明他们对我们的期望越大，如果我们严词拒绝，他们的失望就会越大，相伴随而来的仇恨也会越大。因此，一旦我们接近这类人，搞不好会给自己带来大麻烦。

✻ 为什么你的话没人听

一日，孔先生回家后情绪很糟，妻子问他什么事，孔先生抱怨说：“不想干了，每天累得半死，工资却少得可怜。”

妻子眼前一亮，说：“那就换个工作呗，我朋友老公开了家公司，也是做你这一行，上次聚会他还和你聊过，让你去他那里，忘了？”

孔先生愣了一下说：“以后再说，我很累，洗洗睡了。”

第二天，妻子见孔先生回家，立即迎上去问：“你考虑得怎么样了？”

孔先生说：“考虑什么？”

妻子说：“去我朋友老公那里工作啊，我都已经跟朋友约好了，你抽时间去她老公的公司一趟，把事情定下来。”

孔先生说：“我什么时候说要换工作了？”

妻子说：“不是你自己说的吗？你什么态度？我帮你做事还要看你脸色？你今天必须给我说清楚，你到底是怎么想的？是去还是不去？”

孔先生做投降状，说：“我去，我去还不行吗？但是这件事不能这么着急，你得给我一段时间准备。”

妻子说：“好，就给你一段时间准备。说吧，准备多长时间？”

孔先生想了想，随口道：“三个月吧。”

妻子说：“不行，三个月时间太长，给你三天时间考虑。”

孔先生说：“这怎么行？工作这么大的事，我怎么着也得和亲戚朋友商量一下，当年为了这份工作，大家可是帮我……”

妻子打断孔先生说：“行了行了，此一时彼一时，都是陈年旧账了。给你三天时间，三天之后给我答复。”

孔先生无奈地同意。在接下来的三天时间里，妻子不断地询问他，孔先生终于不厌其烦，表示自己根本就不想辞职，也不可能去妻子朋友的公司上班。妻子为此大怒，孔先生一怒之下摔门躲了出去，妻子给朋友打电话，满肚子委屈地说：“他怎么就不听我的话呢？”

为什么妻子的话孔先生不听？原因很简单，因为从一开始丈夫就不需要她的建议，也不需要她忙前忙后为自己瞎操心。他说自己不想干了，其实是发发牢骚，最需要妻子温暖的安抚，而不是给他提跳槽的建议。然而，妻子却对此毫未察觉，自以为是地做出了很多努力，结果却没有得到丈夫的感谢，反而让丈夫感到厌烦，她也为此愤愤不平。其实，只要她静下心来仔细倾听丈夫的牢骚，就会知道他的真实想法，可惜她没有这样做。

现实生活和工作中，可能我们提出的某个建议非常合理，甚至对方也表示了认可，但就是不会采纳照办。这种感觉有时候就像是打太极，我们一个建议给出去，他们一个动作接过去，然后若无其事地轻轻放下，表面看上去还没有拒绝的意思。其实，对于很多人和事来说，对方没有任何表示就已经是一种表示。他们之所以这样做，只是把我们当成了聪明人，以为我们已经明白了他们的潜台词，如果我们在沟通中总是一味地加压，最终得到的不仅仅是拒绝，还有比拒绝更严重的否定。

实际上，我们提出建议的好坏并不重要，重要的是对方需要不需要。正如故事中所讲的，孔先生根本不需要任何具体的建议，妻子却拿着自己的建议拼命塞给他。应该说，为自己的老公提意见并没有错，但是在孔先生第一个模棱两可的意思表达出来后，她就应该意识到自己的做法存在问题，应该及时与丈夫沟通，然后尽快校正自己的说法。沟通一定是相互的，我们决不能在完全没有关注对方想法的情况下，要求对方认真听取我们的建议。那么，如何让对方听进自己的话呢？以下从专业角度提出三点注意事项：

（1）情绪导向。就是在聊天时把对方的情绪反馈出来，比如对方在抱怨，我们直接问："你是不是觉得有些不满？"此时，对方会反思："我是不是觉得有些不平？"这种反思通常能够让他们跳出主观意识的局限性，从而自觉地带离情绪误区，我们再说什么话也就容易被对方接受了。

（2）含义导向。就是把他们话语中的引申义反馈出来，比如这句"你是不是想换一份新工作？"这个时候他们可能有两种反应，一种是真的想换工作，但是可能不好意思这么说；另一种就是根本不想换，只是发发牢骚。但不管是哪一种反应，反馈引申义的做法都会让对方的抱怨很快平息下来，这也正是我们想要的沟通结果。

（3）内容导向。这一点更加具体，基本就是把对方说过的话重复一遍，尽量让他们体会到我们的感受，从而引发他们全新角度的思考。当然，在具体的操作过程中我们也要讲究技巧，比如对方抱怨工资低、工作累时，我们可以反问："你们公司的运转是不是有问题啊？"如果对方意识到这个问题，他们就会知道，再怎么抱怨也是没用的。

第十一章

拒绝一个人不等于得罪他

在与人交流的过程中，照顾对方情绪是维持和谐人际关系的必备素质，但是我们也绝不能毫无底线地去迁就别人。一方面，过分注重别人的利益和情绪最终会不可避免地侵犯我们自身的权益；另一方面，如果我们对一个人“太好”，有时也会成为一种“溺爱”，从而造成他们在价值观方面的缺陷，到头来也会害了对方，有时甚至是害人害己。面对这种情况，我们一定要学会适当拒绝别人，这时只要掌握沟通中的拒绝技巧，就不会因此给自己带来麻烦。

✻ 突破自我，放下你的杞人忧天

“哎呀，我对领导提意见了，他会不会对我有意见？”

“我没有参加同事的婚礼，他会不会在背后说我什么？”

“亲戚让我帮忙捎东西，我给忘了，下次我还能求他办事吗？”

“下属犯了错，我是不是批评得太严厉了，他以后不支持我工作怎么办？”

……

很多朋友都曾有过以上的重重顾虑，在我们的生活和工作当中，拒绝别人总会让人在心理上感到有些过意不去。结果，别人还没说什么，我们自己先犯起嘀咕，等到自己的“预言”应验了又开始后悔莫及，悔不该当初拒绝对方。其实，只要我们在合理范围内提出自己的要求或说出自己的拒绝，就是无可厚非的。很多时候，所谓“帮你是情分，不帮你是本分”，我们没有理由一定为别人做什么，就像别人不可能毫无来由地帮我们一样。因此拒绝的艺术也是聊天中要掌握的。

晓彤是一个身体比较弱的女孩，尤其对辛辣食物的过敏反应比较严重，为了保证自己的身体健康，她从来不吃辣。然而，对于很多人来说，辣是一种美食的精华，很多人吃东西无辣不欢，就好像吃饭不能没有盐一样。

一次同事聚餐，老板让大家点菜，菜谱传了一圈，谁都不好意思先点。最后传到副总手里，他便拉开架势准备点，同时询问了一下大家有没有什么忌口。大家纷纷说没有，晓彤作为一名刚入职的员工自然也不好说什么。

饭菜上来了，清一色的辛辣口，副总依旧张罗着让大家赶紧动筷子，老板也带头吃了起来。晓彤眼见如此，只好尽量少地夹了点菜，希望能够借着主食吃下去。但是晓彤还是高估了自己的身体承受能力，一口饭菜下肚，她立即有了反应。先是胃痉挛，不断地打嗝，继而满脸通红，汗珠也噼里啪啦地掉了下来。

旁边同事看到她不舒服，立即帮她盛了一碗汤。晓彤接过来就灌了一口，没想到那碗汤更辣，哇的一口吐了出来。她只觉得从口腔经直肠一直到胃部都是火烧火燎的难忍，过敏反应也立即呈现了出来。老板和副总都吓坏了，赶紧把她送去医院，虽然很快就没事了，但晓彤显然把这次聚餐给搞砸了。

如果我们无法战胜不敢拒绝别人的心理，那么在生活和工作中处理很多事时都会出现两难的选择。同时，你也可能给自己的不会拒绝寻找各种各样的借口，比如不能让别人觉得自己不合群，不能让别人的面子挂不住，不能因为一点小事引发矛盾，或者大念“忍一时，退一步”的“心经”等。事实上，没有及时拒绝别人也不一定能保证事情向好的方向发展，我们不想让对方丢面子，对方可能因此丢更大的面子；我们不想产生矛盾，很可能会因此产生更大的矛盾。从实质上来讲，不懂拒绝是一种心理缺陷，要根治不敢拒绝的行为，首先应该从心理层面寻找原因。

下面，我们就具体了解一些相关知识点：

（1）低估对方的心理承受能力。每个人都曾遭到过别人的拒绝，这时候会觉得颜面尽失，心理感受非常糟糕。于是，在你的内心想法当中便总觉得拒绝别人也会让对方产生这样的心理反应，因而难免生出负罪感。在此我们应该谨记，即使我们不拒绝对方，无理的要求迟早也会被别人拒绝，人们要成长，接受被拒绝的现实是必要的经历。

（2）高估自己的影响力。身处一个集体当中，我们总是会让自己尽量合群，如果拒绝做什么事就好像自己会成为一个异类，有时候还会影响到集体的利益。其实，个人和集体是需要相互磨合的，如果我们总是封闭自己的真实属性，不管是对于自己的成长还是对于集体的发展，都是不利的。

换个方式，把不好听的话说好听

新郎官在大喜的日子里心情舒畅，再加上驾照刚刚到手，驾驶乐趣还很浓厚，他就想自己驾车去接新娘。但他跳上车后，立即被自己的父母拦住，并且不由分说将他拉下车来。

父亲吹胡子瞪眼睛地说：“我看你是活得不耐烦了，上次你表哥就是自己开车去接新娘，结果路上遇到车祸，最后虽然把小命保住了，可是高位截瘫，新娘子都跑了，你想重蹈他的覆辙吗？”

母亲更是牙尖嘴利地说：“车本儿刚下来，你就别逞能了，再说这车是从婚庆公司租来的，你要开以后自己买。”

新郎虽然知道父母的本意是关心自己，但是他们的话却如同一盆冷水泼过来，驾车的心情甚至连结婚的心情都没有了。

其实，同样的话，只要新郎的父母换个说法，不仅能够得到同样的结果，也能够让新郎保持大好的心情。可惜他们完全没有这样的意识，更别提这样去做了，因而一出口便破坏了气氛的融洽。

这个世界上没有不好听的话，只有不会说好话的人。作为一个懂得拒绝的人，你一定要抱定拒绝的决心，说出最动听的拒绝的话。要清楚地认识到，别人接受不了你的拒绝，往往是感情层面的反应，而非理智层面上接受不了。因而，只要成功规避对方出现负面情绪，比如不要损伤对方的面子，不要让对方下不来台，以及不要让对方觉得我们过分等，别人一定会非常自然地接受你的拒绝。

当然，对于不同的情况我们也要予以分别对待，这也是拒绝技巧的核心所在。参考内容如下：

（1）对方畏惧，我们鼓励。有时候别人寻求我们帮助，是因为他们害怕面对一些事情，希望能够躲在我们的身后渡过难关。这个时候你首先要想清楚，你可以帮他们一时，却不可能帮他们一世。如果你不懂得拒绝，很可能要背负一辈子的包袱，直到你无力提供保护令他们瞬间灭亡。这绝非耸人听闻，当一个人产生依赖心理之后，他们会把你的帮助当成解决问题的撒手锏，而一旦你的帮助消失，他们就只能坐以待毙。对此，与其提供帮助，不如提供鼓励，鼓励他们靠自己，早日面对挑战。

（2）对方愤怒，我们冷淡。在处理人际关系的时候，“冷处理”有时候会派上重要用场，比如面对愤怒者，冷静的回应就是一个很好的契机。当一个人愤怒的时候，他最希望的事情就是“压倒一切”，哪怕他们已经意识到了自己的问题。这个时候我们最好避其锋芒，等到他们冷静下来之后再与之沟通。当然，躲避不是逃避，在接下来寻求解决问题的时机中，最好提出切实可行的方案。

（3）对方极端，我们求同。沟通一旦陷入对抗，双方就很容易走入极端，交流也就成了自说自话。面对这种情况，我们最好的做法就是求同存异，即努力寻找彼此之间的相同观点，哪怕这个观点属于旁枝末节。因为其中存在一个很简单的心理作用，那就是相同点的确立，能够像建造房屋的基础一样，为沟通双方建立一个渠道的雏形，从而让接下来的沟通成为可能。

（4）对方自卑，我们委婉。一个自卑的人在沟通过程中最喜欢做什么事？答案是固执己见。当然，他们固执己见的原因，很可能是因为受到别人的当众质疑和否定，即使大家都没觉得有问题，他们也会因为自卑心作祟而抱定自己的说法死不悔改。相反，如果此时我们的表达能够足够委婉，确保给他们留足面子，找好台阶，拒绝他们也会成为水到渠成的事。

（5）对方兴奋，我们冷静。感性的人都喜欢在兴头上做决定，只要高兴，他们什么事都敢答应。如果不高兴，举手之劳他们也可能拒绝。但是我们在交流中应该做的事情却不是让他们高兴起来，因为这类人通常“记性”不好，他们在兴头上做出的承诺很可能睡一觉就忘了。因而，我们不要把他们兴头上说的话当真，也不要在兴头上拒绝他们，而是应该等到他们“退了烧”之后再相机而言。

（6）对方故意，我们“红牌”。有些人能够理智地提出非分的要求，同时也知道自己的做法会侵犯别人。面对这种情况，我们在开口前决不能心软，更不能牺牲自己的原则去迁就对方，而是应该当机立断地拒绝，不要给对方得逞的机会。因为这类人属于贪得无厌之徒，只要一次得逞，他们今后就会得寸进尺、变本加厉。

（7）对方出题，我们推敲。人际交往中，并不是所有的要求都是索取，更不是所有的索取都是贪心。有时候，对方向我们提出一个极其过分的要求，很可能是在试探我们，这个时候如何拒绝就需要高超的沟通智慧了。比如朱元璋曾问侄子朱文正想做什么官，朱文正推说什么官都不想做，并且让朱元璋把官都封给“外人”，朱元璋对此非常满意，后来一直提拔朱文正做到了大提督，统领内外军事。

不便答复，把重心转移掉

朋友聚会，一个并不熟悉的小个子问韩强："大哥，听说你们行业是高薪行业，你现在一个月挣多少钱？"

韩强说："什么高薪行业？你要是进入这行就知道了，表面上的工资是不少，可是各种迎来送往的，真落到自己口袋里的并不多。而且每天应酬上上下下的人，业余时间都不是你自己的，就说今天吧，如果我不是提前关机，现在指不定谁又找上我了。作为朋友我得跟你说句实话，干什么都别入我们这行，后悔你都来不及。对了，你是做什么的？"

小个子："我做软件开发。"

韩强说："不错啊，比尔·盖茨是干你们这行的吧？努力，你就是明天的比尔·盖茨。"

小个子："大哥您说笑了，我哪能跟他比。"

韩强说："你看，自卑了不是，国人为什么总是干不成事儿，就是因为自卑。我问你，你以前有没有做过什么特牛的事儿？"

小个子："好像没有，我天生就是一副屌丝的命。"

韩强说："我就不信了，刚刚看到你和每个女孩子打招呼，挺懂女孩心思的，对不？"

小个子笑，说："这算啥本事？又挣不来钱，还净往里搭钱。"

韩强说："哎，你可别这么说，懂女孩心思就懂得讨女孩欢心，懂得讨女孩欢心就懂得讨所有人欢心。往小了说这叫机灵，往大了说这就叫情商高，在软件开发行业，情商高的人可不多。我看你可以往市场方面转，专业技术也别丢，将来肯定能做出成绩。”

小个子眼前一亮，说：“大哥，您看我成吗？”

韩强说：“成啊，你大哥我看人准。对了，小五不就是干市场的吗？虽然跟你不属于一行，肯定能给你专业意见，你去问问他。”

小个子：“那行，我这就去，谢谢大哥啊。”

一路聊下来，小个子把问韩强工资的事忘个干干净净。韩强很聪明，他不想回答这么隐私的问题，于是避重就轻，在小个子说的前半句话上做文章，一路把谈话的重心转移到小个子身上，并且转到对方的行业和工作上。如此一来，不仅成功拒绝了对方的提问，最后还让对方感激不尽，其中的沟通技巧非常值得我们学习。

其实，在我们的日常生活和工作中总会遇到一些令人尴尬的问话，至少是不愿回答的问题。这个时候，如果我们直截了当地回答“无可奉告”会显得自己不近人情，以及不谙世故，同时也非常容易得罪人。如果对方是无足轻重的人，或者性情比较宽容大度，我们生硬的拒绝并不会给自己带来实质性的危害，但是如果遇到那些掌握我们命脉的小人，一句“无可奉告”很可能会毁了你的大好前程。

为了避免这种情况的出现，我们就要学会把谈话的重心转移掉，而要做到这一点，关键在于巧妙地转换话题。所谓转换话题，其实就是转移对方的注意力，让他们的问题不了了之。如此既避免了正面拒绝产生的不利影响，又不至于无话可说，如果你运用得好，还能保持良好的沟通氛围，并得到理想的沟通效果。当然，你所转换的话题不能过于生硬，而是要确保不着痕迹，最好做到语出惊人，一举吸引对方的注意力。这就要求我们在平时多积累知识，确保话题转移之后有足够的聊天资源。

面对别人的无心之失，我们也应该保持一颗宽容之心。若对方不谙世故，我们就一盆冷水泼过去，很可能会让他们摸不着头脑，同时觉得我们不可理喻。相反，如果我们能够用恰当的方式方法予以引导，从而在不知不觉中拒绝对方，至少可以保持沟通的顺畅进行，以及沟通氛围的持续融洽。如果对方是一个聪明人，善于从中分析并学到了什么，那么我们的做法也可谓功德一件。

具体来讲，我们可以关注下面三点：

（1）答非所问。对方提出一个问题，我们不想回答，就可以给出一个不是答案的答案。比如对方问你体重多少，你可以告诉他，自己在七个月前就涨到（或者降到）70公斤了，或者也可以说在未来想要减到（或者加到）多少公斤。如果对方仍然不识趣，你就可以反问他多少斤，然后借此展开话题。

（2）找挡箭牌。当我们不便回答某人的问题时，为他们找一个能够回答的人，也不失为一个很好的做法。比如对方问你对领导有什么看法，你可以把“皮球”踢给和领导关系比较好的同事，并且以了解不够为理由不着痕迹地拒绝回答。

（3）模棱两可。当别人提出某个要求时，我们既不拒绝也不答应，而是给出一个似是而非的答案。比如对方邀请我们参加聚会，我们不想参加，就可以说：“我不知道到时候有没有空，这样，我尽量安排时间，如果有时间我就去，如果没空也请见谅。”

缓兵之计，敷衍对方的请求

某员工和同事闹矛盾，找到车间主任要求调换工作岗位，而这已经是第三次了。凡事不过三，车间主任决定这次不再给他调换，但是又不能挑明，只是对他说：“你的情况比较特殊，再进行简单的调换还是不会起到作用，你先回去等几天，我好好考虑一下，尽快给你答复。”

员工回去了，几天之后又来找，车间主任说：“厂里过几天大调换，我看到时候可以把你安排到什么地方合适吧，再等等。”

一个星期过去了，厂里根本没有动静，员工又找到车间主任询问，车间主任说：“怪了，说好的大调换怎么就一直没动静呢？这样，你再回去等几天，如果还没动静，我马上帮你想别的办法。”

又一个星期过去了，还是没动静，员工来找，车间主任不在。他过了几天又去找，车间主任说：“嗨，是我搞错了，厂里的大调换在下个月，你放心，到时候我肯定给你安排。”

员工说：“不是的，主任，我不想调换岗位了，您别麻烦了。”

车间主任说：“为什么？”

员工说：“我和同事们接触了几天，其实他们人都很好。那个和我拌嘴的小胡还主动跟我道歉了，我挺感动的，还是好好在这干吧。”

很多时候，某人向我们提出了一个要求，只是在兴头上做出的决定。等到他们冷静下来之后，可能自己也会觉得要求过分，或者根本就没有必要。即使他们觉得有必要提出某个要求，当他们意识到解决起来会很麻烦的时候往往也会选择知难而退。这时就需要我们使用缓兵之计，遇到不愿或不能答应的请求可以先晾一晾，等到晾得差不多了，对方已经忘了，至少他们的意愿已经没那么强烈了，这个时候我们再想办法应对，处理难度也会大幅度减小。

不得不说，对于很多人来说，拒绝别人是一件很难办到的事。当别人提出请求时，张口说“不”简直比要了我们的命还难，因为我们心中存在太多的顾虑。其实，我们的顾虑大多存在于情绪层面，也就是说，随着时间的推移顾虑会逐渐淡化，缓兵之计就成了最好的应对策略。何况，为了避免不必要的麻烦，在不侵犯别人合法权益的前提下，在不伤害对方颜面的情况下，很多事情我们完全可以正大光明地拒绝。

那么，我们要怎么做，才能确保拒绝时不侵犯别人的合法权益且不伤害对方的颜面呢？参考内容如下：

（1）需要时间。对方提出一个请求，我们考虑一下总可以吧，借此就可以给把问题的解决拖入下一次谈话。在此过程中，不仅可以让问题自然冷却，同时我们还能够积极思考更加稳妥的应对方案。下次谈话到来时，即使没有想出更好的方法，我们不得不做出明确的拒绝回复，也可以为此做好充分准备。

（2）能力有限。对方提出一个“合理”要求，但是我们的能力“有限”，所以我们最多只能答应帮对方“试试”。在运用这一技巧时我们要把握好三点，一是必须强调对方要求的“合理”；二是必须让对方相信我们的能力真的“有限”；三是不要直接拒绝对方，要表示自己会尽最大努力，同时要求对方在自己无能为力的情况下予以理解。

（3）扼杀萌芽。在与人交往的过程中，我们遇到的想要拒绝的对象并非都是张口只知横冲直撞的“菜鸟”，有时候也会遇到一些沟通老手。这些人在向我们提出某种要求的时候，通常会给自己留出足够的回旋余地，同时也会给我们留出充裕的拒绝空间，因而基本上只是进行试探性地询问。这个时候，如果我们不愿或无法予以帮助，最好让对方在试探阶段就打消念头。

（4）说明利害。对方提出一个要求，我们可以这样应对：“我可以帮你解决这个问题，但是我必须事先说清楚，在我帮完之后很可能会弄得更糟。你知道吗？就你说的这件事，如果就这样置之不理，关注的人也就那么几个。但是如果我帮你解决了，不可避免地会弄出很大动静，到时候关注的人会越来越多，后果简直不堪设想。”如果对方比较死心眼，仍然坚持自己的要求，我们可以转入其他应对策略。

（5）给出建议。对方向我们提出某个要求，虽然可能有些欠缺考虑，但至少说明他们相信我们有能力帮助自己，如果我们只是单纯地拒绝，哪怕拒绝得很有技巧，也会辜负了这份信任。因此，当我们不愿提供帮助或者确实能力有限时，也应该根据自己了解到的情况和掌握到的资源给对方提出一些建议。这些建议并不一定能够帮助他们解决问题，但是一定要让他们看到我们努力帮助的诚意，如此至少能够减小彼此之间可能出现的裂痕。

第十二章

扮演好你的角色

在与人沟通的过程中，很多人说话都会前后矛盾，或者说不到点子上，结果只能自己干着急。其实，这是因为他们未能给自己一个明确的角色定位。角色定位是我们开口讲话前的首要任务，如果你不知道自己是谁，不知道对方是谁，最好保持缄默。否则，不但无法得到预期的沟通效果，还可能让事情变得更加糟糕。

知人者智，知己者明

1948年5月14日，以色列建国，流浪数千年的犹太人终于有了自己的家。可惜仅仅四年后，一手缔造以色列的哈伊姆·魏茨曼（同时也是以色列第一任总统）就离开了人世，由谁接任以色列总统一职成为世界瞩目的焦点。

这时，以色列驻美国大使找到了爱因斯坦，向他转交了以色列总理的信。打开信一看，爱因斯坦吓了一跳，由于同为犹太人，他一直关注着以色列的局势，此时也正在和所有人一起等着新总统的诞生。但他怎么也没想到，犹太同胞们会选择自己，他的心情好比一个路人忽然被星探发现，并且马上要推向世界舞台一样。

在此千钧一发的时刻，爱因斯坦保持了难能可贵的理智。经过仔细分析后，他委婉地谢绝了总统候选人的提名邀请，转而继续投入到自己的工作中去。

很快，记者为此事采访了爱因斯坦，并且询问爱因斯坦何以能拒绝一个国家。爱因斯坦只是淡淡地说："对于自然，我可能还有那么一点了解，可是对于政治，我就无能为力了。这不是舞台作秀，随便吼上两下，再扭扭屁股就可以了。它关系到成千上万人的身家性命，搞不好是要出大问题的，我的宗旨是造福人类，可不是祸害人类。"

后来，总理戴维·本·古里安亲自给爱因斯坦打去电话，态度极其诚恳，并且列出了可行性极强的方案。为此，爱因斯坦还有了点犹豫，并且同意考虑一下，此时似乎有了一点转机。不过，在他想起曾经对记者讲过的话时，理智重新占据了上峰。这一次，爱因斯坦在媒体上公开发表声明，自己正式拒绝以色列总统候选人的提名邀请。

在声明文中，爱因斯坦有这样一段话："我深深地爱着以色列和以色列人民，因为你们是我至亲至爱的同胞，但是爱你们并不代表要做总统，我知道自己最擅长什么，我要以我最擅长的方式爱你们。"

古语有训："人贵有自知之明"，什么是自知之明？自知之明就是对自己有一个客观合理的认识，知道自己想要的是什么，同时也知道自己能不能得到，以及具体该怎样去得到。现实世界中的很多人，之所以在与人沟通的过程中经常出问题，甚至一错再错地不知悔改，说到底就是因为没有弄清这三个问题。人们应该在物质层面、精神层面和社会层面对自己形成综合认知，也就是我们通常所说的价值观、人生观和世界观。

通常来讲，我们应该对自己有一个分析和认识，然后在此基础上去社会中实践，然后在此过程中不断校正自己的表现，同时完善自我认知。比如我们要了解自己的身体、外貌、学识、风度、财力和地位等，如果连这些最基本的定位都没有搞清，不要说去和别人进行正常沟通、建立良好的人际关系，即使是自己一个人生活，也可能会出现严重的问题。

接下来，我们在实践活动中不断校正自己的行为和认知，就能够给自己合理地定位，从而知道什么事该怎么做，以及该说什么话。当然，对于很多已经形成完全认知的人来说，完成这一蜕变需要漫长而艰辛的过程，但是如果不经历这个过程，你就永远无法提高自己，同时也就永远无法改善自己的境遇。在此，学会站在别人的立场上考虑问题是至关重要的，这并不是让你完全放弃自己的原则，而是建立一种足够科学与合理的认知自我的方法。

具体来讲，我们可以从下面三点着手训练自己：

（1）建立自我意识。想要自立于世，我们首先要把自己打造成独立成熟的个体，相信自己是独一无二的。你可以向别人寻求帮助，也可以向别人提供帮助，前提是必须具有独立的意识。比如财务独立，它能让你摆脱对别人的依赖，有意识地加强自己的生存能力，更重要的是财务自由能够让你保持自信。

（2）建立群体意识。自我意识的建立有没有界限？当然有，那就是不要侵犯别人的合理意识范围。比如面对领导和下属，我们是不平等的，任何违背这一基本原则的言行都会陷你于被动；再比如面对同事和朋友，我们是平等的，如有违背，同样会自食恶果。

（3）建立职业意识。生活和工作（或事业）是不能混为一谈的，亲戚朋友和领导下属是不能混为一谈的，否则迟早会陷入“伤感情”和“伤钱”的夹缝中。

了解对方的心理定位

某公司员工聚餐，两主管第一次私下交流，新主管举杯敬老主管说：“林主管，您比我大，如果不介意，以后我就叫您林哥了。”

老主管说：“这不好吧，我虽然虚长你几岁，但我是‘行伍’出身，可比不了你们这些高才生，我看我以后还是叫你小陈老师吧。”

新主管说：“林主管，您要是这样说，可就是看不起我了。小弟初来乍到，都得仰仗您照顾呢。”

老主管呵呵笑，说：“我最扛不住别人给我戴高帽，可是公司没这先例啊，咱还是别坏了规矩吧？”

新主管说：“我还真不是给您戴高帽，不说您真刀真枪拼出来的本事，就说您以德服人的作风，公司里哪个不翘大拇指。说到称呼，我就觉着咱们公司少了点儿人情味儿，我哥来哥去地叫着，也是让人觉得您亲切。”

老主管说：“你要这么说，我还没词了。得，你愿意叫，我就愿意答应，咱们‘周瑜打黄盖’，别人爱怎么说就让他们说去。”

新主管喜上眉梢，给老主管斟了一杯酒说：“来，林哥，小弟再敬您一个。”

旁边刚来不久的小汪把这一切都看在眼里，他是新主管的直系下属，心想了解点新主管的套路对自己肯定有帮助。说者有意，听者更有意，于是小汪趁着大家酒至半酣，起身给新主管敬酒，也死活要给自己找个哥。事后不久他就被调到了别的部门，他了解之后才知道，老主管是公司的“开国之臣”。老董事长退休之后，虽然职位传给了自己儿子，但老主管却是“摄政大臣”，是公司真正的一把手。

因此，新主管找他当哥是“醉翁之意不在酒”，小汪这个时候“照葫芦画瓢”，怎么可能得到新主管的青睐。

其实，我们在与人交流的过程中，最应该搞清楚的不是对方是谁，而是对方想要成为谁。换句话说，我们不应该停留在对方已知的属性上，还要弄清他们对自己的心理预期。有时候，由于环境等各种因素的限制，对方不能把自己的期待值直接表达出来，但只要是他们的心理期待，就会通过各种方式表达出来，尽管有时候会很细微。如果我们没有这方面的意识，不要说读懂那些细微的心理语言，就算对方的意愿明确地表达出来，也可能被你误解。

孔子曾经问子贡：“你觉得自己和颜回相比，谁更优秀一些呢？”子贡立即回答说：“我怎么能和颜回相比呢？他就好像是天上的日月，而我则如同地上的草芥，完全没有可比性啊。”孔子真的是在问问题吗？是也不是，大多数人能看到前者，子贡却看到了后者。在诸多弟子中，孔子对颜回的偏爱是显而易见的，因而他在问这个问题之前心中就已经有答案了，子贡也深知这一点。所以，他没有停留在问题表面，而是直插孔子的心理预期，并且据此给出答案。如此一来，既成全了孔子的心意，衬托了颜回的才名，也成就了自己的让贤之德。

在诸多因素的共同作用下，我们不可能在现实中找到一个和自己完全相同的人，因而即使面对相同的事物，与我们交流的人也可能产生别的想法。但是很多人总是习惯于用自己的想法去揣度别人的想法，自己喜欢的，对方一定也喜欢；自己厌恶的，对方一定也厌恶。如此一来，就会在与人交往的过程中出现各种判断失误，而据此做出的行为也就难免会出现问题了。面对这种情况，我们要适度地展示出自己，让别人有一个清晰的了解，同时也要时刻关注对方，避免错过他们的自我展示。

最后，了解别人，一个最好的参照标准就是自知，所谓“己所不欲，勿施于人”。真正的自知和自以为知是完全不同的两个概念，我们在平时的聊天交流中尤其要注意。通常来讲，这与学习的道理相同，一个人自知不足，就会不断地精进，从而确保在发展和前进中领先别人；而一个自知已足的人则觉得自己无所不知甚至无所不能了，只能是被别人超越后再做最后的挣扎。因此，我们在修习自己的沟通之术时也要有自知不足的意识，这是真正自知并坚持下去的基本前提。也唯有如此，我们才能越来越敏锐地捕捉到别人释放的信息。哪怕那些是他们无意中释放出来的，只要能够表现出他们内心的真实想法和感受，我们也要在交流中及时抓住并加以利用。

✿ 没有互动，就没有沟通

沟通过程中，有些人连说带比画，把吃奶的劲儿都用上了，对方却疑惑地问："你说啥？"有些人，只是一个手势甚至一个眼神，对方就已经心领神会。那么，这其中的关键之处在哪里？如果你能够仔细思考分析，就会发现其中的奥秘不过"互动"二字。什么是互动？你说一句，也要让对方说一句，这样才能知道对方是怎么想的。一口气把自己的想法说完，不顾对方方反应，就是无效沟通。

前些年，教育界曾流行一个热门词语——填鸭式，是指为了让鸭子快速成长，养殖人员用机械直接把食物压进鸭子的胃，以此来比喻粗暴的教育方法。我们在与人沟通时，有太多的人企图用这种方式与人交流。可想而知，没人希望自己成为被填充的鸭子。因而在交流过程中必须注意互动，根据对方的回应再进行交谈。

良好的沟通需要互动，更需要在角色定位的基础上互动。通常来讲，别人在与你进行沟通前会很看重"你是谁"。比如你是对方的下属，他的心态会轻松，如果你也表现很轻松，角色定位就会出问题。你会感到对方开始对你若即若离了，开始对你设置"安全距离"了，只要你有足够的意识，都能及时意识到。老板平常对待每个人的态度都一样，为什么升职加薪的却总是一部分人呢？其实，就是这些人懂得关注角色互动，他们知道自己的角色是什么，并且永远按照这个角色去行事。

不同的角色定位也需要我们随时调整自己的互动方式。比如在工作中，你可以板着冷面孔，在属下犯错之后给予批评和教导，然后继续监督他们的工作。但是回到家，如果你还是这一套，就可以称之为职业病。当面对爱人、父母、亲戚朋友时，他们不是你的下属，不愿意接受你的“建议”，更不愿意接受你的批评。哪怕你在不自觉中表现出一点“领导风范”，都会不可避免地带来沟通障碍。很多人都企图在沟通中寻找到一个万用的角色定位，这种想法很麻烦，容易让事情失去自己的掌控。

很多人在生活和工作中都会受“夹板气”，比如老婆和老妈让自己受气，领导和下属让自己受气。其实，这时往往就是角色互动出现了问题，具体应该怎么做呢？简单来说，你是“夹板”之间的缓冲地带，作用巨大，必须有所发挥。如果你能分别和老婆、老妈搞好关系；分别和领导、下属搞好关系，他们之间还会有什么矛盾吗？比如老婆让你和老妈“据理力争”，你应该知道作为丈夫应该怎么说；老妈让你对老婆“说服教育”，更应该知道作为儿子应该怎么说，把握好角色定位和转化，问题迎刃而解。

如果你在生活和工作中需要“扮演”多个角色，那么必须要分清主次。比如你是一名教师，同时还要分别面对领导、下属、妻子、儿女和亲朋等，那么只要你能够成为一名优秀的教师，就能够得到大家的普遍尊重，这个时候即便你存在一些职业病，众人也能够接受。相反，如果你的工作一塌糊涂，别人就很难包容你的职业病。

第十三章

立身处世，内方外圆好沟通

进入“互联网+”时代后，人们的沟通方式越来越缤纷多彩，手指一动，内心深处最真实的表达就可以传递出去，因而交流中人们对个性表达的需求也随之越来越强烈。社会是由人和人共同组成的，我们既然身在社会之中，必然与他人发生联系，而我们的言行也会不可避免地影响他人。因此，追求个性无可厚非，但是一定要以他人为界，要在“外圆”和“内方”之间找到自己安身立命的尺度。

✻ 为你的自由设置“天花板”

某公司主管下班后发现车钥匙落在办公室，但是由于碰到一位领导寒暄了几句，回到办公室时大门已经锁了。他立即打电话给自己的女秘书，但对方的电话处于关机状态，再给其他同事打对方也称联系不上。

这位领导气急败坏，立即群发信息，要求女秘书马上过来送钥匙，不仅语气用词激烈，而且直接提出了批评。

面对领导的无理指责，女秘书给予了针锋相对的还击。她首先表示业余时间是属于自己的，不能让主管呼来唤去，因此拒绝赶回公司送钥匙；其次表示锁门是她的责任，也是为了公司的安全；最后，她还要求主管自重，并且同样选择了群发的方式进行回复。公司保安看到了消息，立即赶来帮主管开了门，但事情已经闹大了。

此事很快炸开了锅，大家纷纷议论：“哪有小秘书敢这样和领导说话的，他们之间的关系肯定不正常，搞不好是因爱生恨，自乱阵脚。”“没错，都下班了还找来找去的，女秘书长得那么媚，哪个正常的男人能忍住凡心？”“我看是女秘书勾搭的主管，他之前可没有这方面的新闻。”“苍蝇不叮无缝的蛋，我看他们是一丘之貉，狼狈为奸。”“这下好了，擦枪走火，事情已经都出来，很快就会明朗化，咱们等着看好戏吧……”

人言可畏，当这些传闻逐渐散开时，大家看他们的眼神也发生了变化。女秘书受不了，向公司提出了辞职，公司为了消除不良影响，立即予以了肯定回复。但事情并没有就此完结，公司再为这位主管委派秘术时，年轻的女员工都坚决推辞，谁也不想步那位女秘书的后尘。这位主管听说此事后同样觉得没有待下去的必要了，于是选择了离开。

案例中，主管真的一定要叫回已下班的女秘书吗？就算要叫，一定要采用激烈的用词并且直接给予批评，甚至用群发的方式公开吗？显然是他平时工作当中对女秘书指使惯了。

而换位过来，女秘书的业余时间就真的那么宝贵吗？就算很宝贵，难道回公司为领导送一趟钥匙的时间都没有？就算真的没有时间，也可以让同事朋友为领导送一下，不也是解决问题的好方法吗？接下来她还与领导公开叫板，这哪里是一个成熟的职场人士应有的表现？显然，他们都没有充分尊重对方的自由，不仅没有把握好自己的角色定位，也没有采取圆滑的方式处理，如此才把事情闹到一发不可收拾的地步。

我们常说，人生而自由平等，但社会是一个大家共同组成的集体，如果某个人的自由失去限制，就会直接影响到别人的自由。因此，自由只是相对的，我们按照既定的自由规律行事，不仅是为了保障别人的自由，同时也是为了保障自己的自由。如果某个人为了一己之自由而破坏公共之自由规律，并且没有得到及时的制止和惩罚，其他人会立即加入破坏者的行列，那么所有人的自由都会因此遭到破坏。

我们在与人沟通的过程中也应该注意这一点，没有人是拥有绝对自由的，如果你想要建立良好的人际关系，就要时刻注意把握言论自由的尺度，任意妄为最终只能让自己失去自由言论的资格。

总而言之，我们可以追求自己的个性，从某种程度上来讲，这也是我们实现自己人生意义的需要。但是如果超出了应有的尺度，不但无法给自己带来个性彰显和胜利，反而会把问题搞得一塌糊涂。

礼节和真诚是双保险

1786年，路易十六的王后到剧院看戏，除了前排的王公贵族，还有楼上的富商巨贾。当时，法国公爵奥古斯丁也夹在众人当中，放荡不羁的他为了吸引众人注意，趁着女王王后入场时的少许安静，忽然吹响了两声刺耳的口哨。

在法国，男人吹口哨是非常轻浮的表现，尤其是当着女人的面，基本上都有调戏和挑逗的意味。如果是在其他场合，凭着自己公爵的身份，此事也造不成太大影响。但对于已经入场的王后来说这实在下不来台，看着奥古斯丁毫无悔意的样子，她愤怒地当即离场，并且添油加醋地向路易十六告了御状。

路易十六听完之后不禁沉下脸来，立即派人将奥古斯丁下了大狱。不过，奥古斯丁的行为虽然轻浮，但并没有触犯国家法律，因而无法治罪。但路易十六对他怀恨在心，谎称调查取证，就是不放他出来。直到路易十六去世，奥古斯丁才终于被放了出来。此时的他已经从一位翩翩少年变成了白头老翁，转眼已是50年光景。

礼节究竟有多重要，在不同的场合会显现出不一样的威力，在人际交往中如果谨遵其道，将受益无穷；如背弃此道，哪怕只是无心之失，也必定会给自己招来灾祸。奥古斯丁用两声口哨换来50年不见天日，代价不可谓不大，如果路易十六强行将他处决，也不是完全没有可能。由此可以看出，交际中忽略礼节产生的危害绝对是不容小觑的。把所有礼节都实行到位，能够把自己的真诚带给别人，从而有助于建立起预期的沟通渠道和人际关系。

中国自古就是礼仪之邦，君子形象如同西方社会的绅士风度一样，都是美好人物形象的代名词。懂不懂礼节不仅是一个人涵养的重要尺度，对于我们的人际交往同样至关重要。放眼现实世界，什么人在交往过程中最受欢迎？答案可能有很多种，但是那些谦谦有礼的人从来都是榜上有名。与此同时，礼节下的真诚也是非常重要的，二者就像一对双胞胎，人们因为懂礼节而真诚，同时又因为真诚而越发懂礼节。我们在与人沟通的过程中，如果能够把握好这两个因素，就一定能够左右逢源。

具体来讲，我们可以从以下四点审视自己：

（1）言语出口前思考你想要的结果是什么。沟通之前，你想要的结果也许非常清晰和简单，可是在沟通开始之后，你自己都可能推翻最初的结果，尤其是在比较激烈的沟通中，这种现象是非常普遍的。因此，我们在与人沟通的过程中一定要时刻想着结果去努力，切忌生出与此相悖的想法和言行，并因此失去自己的理智甚至礼节。

（2）你的原则是什么。这个世界是由很多原则组成的，如果可以坚持自己的原则，自然是坚持到底最好，但是如果个人原则和大的原则相抵触，那么个人原则必须服务于大的原则，如此才能得到自己想要的结果。在现实世界中，有些人注重过程，有些人注重结果。其实，没有好的过程，怎么可能有好的结果？而如果没有好的

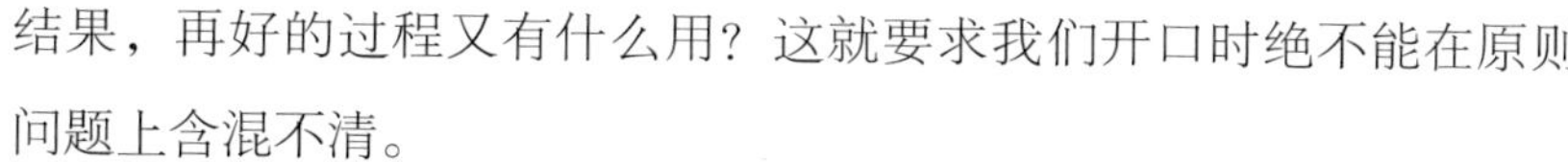

结果，再好的过程又有什么用？这就要求我们开口时绝不能在原则问题上含混不清。

（3）场合是否合适。完全相同的一句话在不同的场合说出来，很可能产生完全不一样的效果。因此，在面对不同场合的时候，你必须知道什么话能说，什么话绝对不能说。如果连这一点都做不到，那么你的礼节和真诚将无所依附，沟通也势必陷入困境。

（4）能否承担要求提出后的后果。现实生活中，总归有一些事情会超出你的理解和控制范畴，这个时候你很可能要“赌”上一把，以求尽可能达成自己的意愿。但是在此之前，你首先应该做的事情是预测最坏的结果，如果是你承担不了的最好还是选择放弃，或者至少也要能够保证要求失败后自己能全身而退。

✿ 拒绝“暴力沟通”

邱振东今年28岁，由于天资聪慧又足够努力，他已经是一家大型外企公司的部门主管。在北京买房之后，他也实现了自己的梦想，把老家的父母接过来同住。然而，伴随着梦想的实现，还有母亲的唠叨和父亲的倔强。

周末早上，邱振东本想好好睡个懒觉，不想父母轮番来敲门，叫他起床吃早餐。他不得已出屋，母亲的唠叨就开始了：“都这么大人了，作息时间都保证不了，以后我们不在了谁监督你。”

“你先去洗漱啊，坐下来干什么？又想吃完之后一抹嘴儿回去接着睡是不是？”

“你慢点吃，又没人跟你抢，前两天电视上报呢，有一个人就是吃饭快，被噎死了。”

“我跟你说，今天好好打扮一下，待会儿妈带去你出去一趟，你邻居黄阿姨呀帮你物色了一位姑娘，我已经看照片了，那人长得……”

邱振东实在受不了，拉长脸说：“妈，您没事儿去跳跳广场舞好不好，别老瞎操心我的事儿，我不用您管。”

话音未落，父亲接过话茬说：“让你相亲你就去，不许废话。”

邱振东说：“我已经和你们说过了，我35岁以前只考虑事业，不考虑结婚的事儿，你们怎么还这样？”

父亲瞪圆了眼睛说："我也早就跟你说过了，你考虑不考虑事业我不管，我就要抱我的大孙子。"

邱振东针锋相对地说："那您也不能为了孙子不顾儿子吧！"

父亲站起身："混账东西，老子把你养大，供你上学，是为了让你跟我顶嘴吗？"

邱振东说："您简直不可理喻。"

父亲这就去抄自己的烟袋锅，母亲好歹拦住，邱振东才得以飞身跑进房间，死活不出来。

在我国，父亲和子女之间出现"暴力沟通"绝不是一件新鲜事。母亲唠叨不停，父亲强势非常，在他们看来，"我吃过的盐比你吃过的米都多"，而且我的初衷是为你好，你敢不听我的就必须"暴力沟通"伺候。其实，在我们的日常沟通当中，这样的情况绝不仅仅出现在父母和子女之间，发起"暴力沟通"的人觉得自己正确无误，并且是好的初衷。但实际上，哪里有压迫哪里就会有反抗，任何暴力促成的结果都不可能永远相安无事，与人沟通同样如此。

具体来讲，我们可以从以下三点审视自己：

（1）用唠叨表达爱意。你有特别在乎一个人吗？如果有，千万不要对他唠叨个不停，因为那非但解决不了任何问题，反而会让问题变得更糟。当对方不愿意按照你的想法去做时，很可能是因为他们有自己的想法，及时了解他们的真实想法，一句话抵得上十句话。如果他们实在不愿意就范，就彼此各退一步，达成协议后监督履行便可。

（2）用指责表达期待。当你希望某人能够长进的时候他却总是不思进取，你会怎么办？是不是直接把他的不作为指出来，像揭开伤疤一样刺痛对方，并美其名曰鞭策。对方真的需要你鞭策吗？你的鞭策是激励了他，还是侮辱了他？如果你做得没有错，为什么对方会有所排斥呢？静下心来和对方交流，表达适当的期待和鼓励，才是你应该做的。

（3）用叛逆表达需求。你有没有遇到过这样的人，你说什么他都会反驳，你让他去做什么他偏偏不做。对你应该告诉自己，对方并不是想要故意和你为难，而是因为他们有自己真正想要的东西，而你又没有及时给予。进行耐心的沟通，了解对方的真实想法和需求，沟通就会变得更顺畅。当然，如果你是这种用叛逆表达需求，也要学会表达自己的内心想法。

进退有尺，行止有度

陈姐的小女儿刚刚上小学，一次朋友来家中做客，小女儿把屋子里弄得乱七八糟，还时不时地过来烦她。对方见她被女儿缠住便不好意思继续打扰，找个借口便离开了。而实际上，陈姐想要和对方商量的正事还没开场，于是便迁怒到了小女儿身上。

小女儿却没有觉察到她的情绪变化，见客人走后，她立即抱住陈姐说：“妈妈，我要出去玩，你带我去游乐场吧。”

陈姐把她推开说：“还想去游乐场？你现在马上把房间收拾干净，然后回屋做作业，晚饭前要是写不完，就不准你吃饭。”

没想到小女儿不甘示弱地说：“你凭什么总是决定我要做什么？”

陈姐顿时一股无名火起，凭什么？就凭我是你妈！但是身为亲子教育专家的陈姐立即收住了嘴，她缓和了一下情绪，蹲在女儿面前说：“妈妈没有决定你要做什么，只是给你正确的建议，这样你就可以比别的小朋友都优秀了。你想想，到时候别的小朋友都喜欢和你玩，老师也会夸奖你，不是很好吗？”

小女儿的情绪也安定下来，但她还是说：“可是我真的好想去游乐场。”

陈姐说：“当然没有问题了，可是你的作业还没做完，如果现在就去游乐场，会变成一个不乖的小朋友。那样的话，别的小朋友都不愿意和你玩，老师也不会表扬你，妈妈都会不喜欢你了。”

小女儿说：“妈妈我乖，你不要不喜欢我。”

陈姐说：“那我们现在开始整理房间，然后回屋写作业。下午出去玩，好不好？”

小女儿笑逐颜开，说：“好。”

沟通，不是用自己的方式与别人交流，而恰恰是用别人的方式和自己交流。对方是怎么想的？他最关心什么？他想要怎么做？当你把这些问题统统搞清楚之后，自己该怎么去做尤其是把握多大的尺度就能够了然于胸了。通常来讲，与人沟通的尺度把握就像厨师用火，少一分不熟，多一分又会焦掉。只有不多不少，刚刚好地摸准对方的脉搏，才能把自己的话说到点上，达到预期的沟通效果。

具体来讲，我们可以从以下三个方面进行自检：

（1）如何表达期待。首先，你要明确知道自己的期待是什么，不要过高，也不要过低，要在实事求是的基础上确立期待，切忌朝令夕改、犹豫不决，这些都会造成对方无所适从，久而久之必定产生抵触心理；其次，明确表达出自己的期待，很多人羞于把自己的期待说出口，只是拐弯抹角地唠叨个不停，结果只能惹人厌烦。其实，只要自己的期待是合情合理的，没有什么不好意思说的。这样既能让对方了解清楚，也方便我们日后监督；最后，不要贪得无厌，即使是出于对陌生人的礼貌，大多数人也能够无偿提供一两次帮助。但即便是你最亲近的人，如果总是一而再、再而三地提出要求，恐怕也会对你的反感。

（2）如何提出要求。首先，给出一个理由。当你提出一个要求

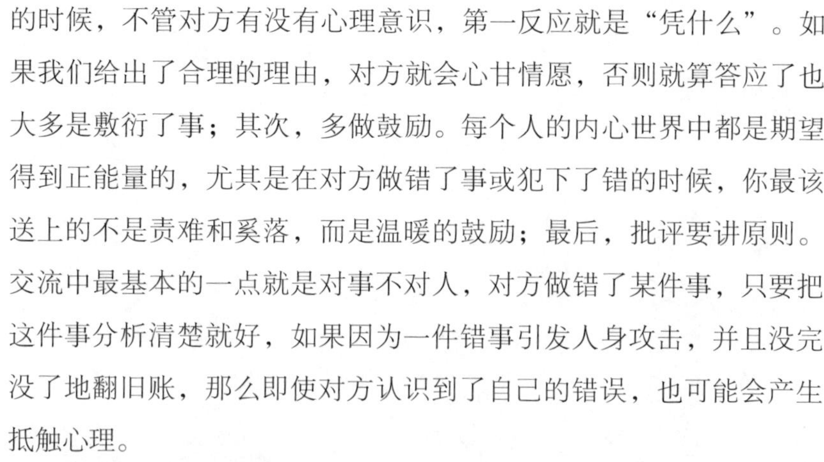

的时候，不管对方有没有心理意识，第一反应就是“凭什么”。如果我们给出了合理的理由，对方就会心甘情愿，否则就算答应了也大多是敷衍了事；其次，多做鼓励。每个人的内心世界中都是期望得到正能量的，尤其是在对方做错了事或犯下了错的时候，你最该送上的不是责难和奚落，而是温暖的鼓励；最后，批评要讲原则。交流中最基本的一点就是对事不对人，对方做错了某件事，只要把这件事分析清楚就好，如果因为一件错事引发人身攻击，并且没完没了地翻旧账，那么即使对方认识到了自己的错误，也可能会产生抵触心理。

（3）如何传递温情。首先，不要藏着掖着，如果你想对某人表达好意，就直截了当地告诉他。如果你总是含糊其辞，对方就只能捉摸不定，一旦出现情绪问题，对方还可能会误解；其次，不要替别人做选择。你对一个人好没有问题，但是不能让对方完全遵从你的意志，哪怕你明知对方做的是错事，只要不会失去控制，又何妨让他因此长个教训；最后，帮助对方解决问题，你对一个人好，说出口只是第一步，为对方提供雪中送炭的帮助，比说一万句“我是为你好”更有意义。

第十四章

注重思考，别把强势当优势

一旦交流双方的想法和做法失当，沟通随时有可能陷入对峙，对峙的结果很可能以一方的“胜利”结束。实际上，这种对峙已经把沟通引向了歧路，因而“胜利”就完全失去了意义。不幸的是，很多人在“胜利”之后并没有及时进行思考，甚至从此把自己的强势当成了优势。其实，即便对方在你的强势下选择退缩，内心中还是会保持自己的想法，从沟通层面来讲也是很难取得理想效果的。

✿ 你变了，世界就变了

一个卖花女孩儿看到一个落魄的乞丐，她觉得乞丐好可怜，但她没什么好东西可以施舍，只好送给他一支玫瑰花。乞丐接到各种各样的施舍物，接到别人的玫瑰花还是第一次，这让他倍感珍惜。为了不让玫瑰花枯萎，他当即停止行乞，回家把玫瑰花插进水瓶里，坐下来慢慢欣赏。

忽然，他觉得如此美丽的玫瑰花不应该放在这么肮脏的瓶子里，于是起身把瓶子拿去清洗干净，又坐回来欣赏。接下来，他又发现这么干净的花和瓶子不能放在如此杂乱的桌子上，于是开始整理桌子。然后他又发现整个房间太乱了，不能让桌上的美景相得益彰，于是开始打扫房间。最后，他发现房间里只有一样东西与之不相符，那就是蓬头垢面和破衣烂衫的自己。

整理一新后，他发现自己也并不是很差，至少还很年轻。于是，一个霹雳般的声音在他耳旁炸响：我为什么要做乞丐呢？当这个声音出现在心底时，他决定再也不做乞丐了。他找到了一份推销员的工作，虽然先期的收入不稳定也很少，但至少能够填饱肚子。坚持下来之后，他终于取得了一点成绩，收入越来越高，对人生也越来越自信。

三年后，他和朋友合作开了一家小公司，那位卖花姑娘成了他的妻子。

如果说人和人之间存在区别，那么，最大的区别又在哪呢？答案不是我们能够看到的任何外在物质，而是每个人内心最深处的想法。

西方有一句谚语，叫“乞丐不会嫉妒百万富翁，但是他们会嫉妒比自己收入高的乞丐。”为什么？因为他们的内心深处就把自己局限在了乞丐的层面。我们在与人沟通的时候更是如此，当你把自己局限为一个“胜者”的时候，你的交流初衷就是为了“取胜”，而不是为了与对方进行沟通。如此，你就会以“胜者”的姿态去面对他人，最终只会被他人孤立。

也许你会觉得，有些人总是惹你生气，他们的做法是那么离谱，以至于你不得不出面“指正”。而更加难以接受的是，有时在你的“正确”指导下，对方还拒绝接受，甚至态度蛮横。其实，这里存在一个问题，那就是在你生气的时候对方也生气了，而且很可能是因为你的“指正”。一句“指正”让彼此都生了气，还可能影响到其他很多事情，到底值不值得呢？

悲伤、嫉妒和痛恨等一系列负面情绪都是一把把“双刃剑”，既伤到了你也伤到了对方，而掷出这把“双刃剑”的人很可能就是不愿改变的自己。

如果连这一点都意识不到，那么你的想法很难校正、行为也难以正确，与人沟通势必处处碰壁。相反，如果你能够收回自己审视世界的目光，转而向内审视自己，你与人沟通的视野和立场将从此被改变。

列夫·托尔斯泰说：“全世界的人都想改变别人，却少有人想到改变自己。”为什么这个世界上的成功者只有少数人，很大一部分原因，就是因为他们懂得并且知道如何改变自己。一名优秀的沟通者绝不能在与人交往的过程中保持一成不变，尤其是在沟通遇到问题的时候，切忌一味使用蛮力，一味囿于自己的空间拒绝换位思考，必将在繁乱的人际交往中迷失自己。

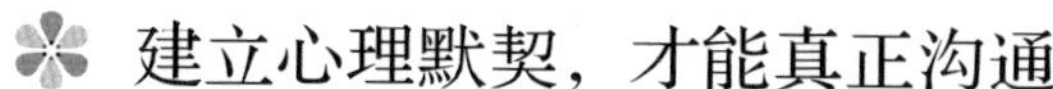

建立心理默契，才能真正沟通

海伦·凯勒是美国著名的作家和教育家，幼年时期因为一场疾病她失去了大部分的感官能力，只有触觉保持正常。面对这样的灾难，海伦·凯勒也像大部分残障孩子一样，性格变得越来越孤僻和暴戾，整个家庭被她搅得不得安宁。

后来，安妮·莎莉文老师开始与她接触，并且教她用仅剩的触觉和这个世界交流。最初阶段的教学很简单，老师会让她触摸某个物品，然后在她的掌心上写下这个物品的名字。但这么简单的事情对于一个只有触觉的残障孩子来说也是极其困难的。在海伦·凯勒家的汲水房，飞溅的水珠滴在海伦·凯勒的脸上，老师立即在她的手上写下“水”字，这才终于和她建立了沟通。

而在此之前，海伦·凯勒甚至不知道老师为什么总是让她摸东西，然后在自己手里胡乱比画些什么。搞懂了老师是在帮她认识世界以后，海伦·凯勒的学习开始突飞猛进，由于建立了高度的心理默契，老师甚至把一些抽象名词也教会了她。经过日积月累之后，海伦·凯勒最终能够自如地阅读各种盲文版书籍，包括庞杂的《大英百科全书》。

后来，在莎莉文老师的帮助下，海伦·凯勒得以和很多人正常交流，而老师也总是能够准确领会并表达她的意思。正是由于这种高度的心理默契，海伦·凯勒得以了解世界，并成为一名优秀的作家和教育家。

对于我们这些正常人来说，能够和外界交流的方法太多了，尤其是在进入信息时代以后，人们传递和接收信息的渠道越来越多，同时也越来越快捷。但是，我们的默契度又是否有所提高呢？我们和朋友分享美食，不是坐在一起共同品尝，而是用相机拍下来发到网上；我们给朋友送新年祝福，不是登门拜访，而是不知道从哪里复制来的“排比句”；办公室里，即便是紧紧挨在一起的同事也习惯于用网络聊天工具；公共场合，每个人手里都拿着当前最先进和最流行的电子产品，书写着彼此的陌生……甚至亲戚和邻里之间都只是打个招呼，而不是亲切的关怀和问候了。

然而面对这种情况，人们却变得越来越习以为常，孤立的个体不再习惯面对面的交流，这俨然已是当下的风潮和主流。长此以往，我们在与别人沟通的时候又怎么可能产生心理默契，并达成预期的沟通效果呢？

在期待与某人进行沟通之前要尽量弄清对方的详细情况。在接下来的沟通过程当中，要尽量了解对方的真实想法，并且适当表达自己的真实想法，如此才能慢慢建立起彼此之间的心理默契。只要心理默契一达成，接下来的沟通就会顺畅无比，为此我们甚至可以在建立心理默契阶段花费大量时间和精力，以使后续的面对面沟通更自然顺畅。

最后，再来从技巧上了解一下非语言沟通的优势。通常来讲，书面的沟通比当面的沟通更具理性，一句话或一段话写完之后还可以从头检查一遍。如果感觉有什么适当的地方也可以适当改动，这个过程中也就兼顾了自己和对方的想法。包括当下比较流行的聊天工具，用文字交流也可以不同程度地制约你某些时刻的冲动。因此，当你认为沟通对象比较强势或者自己是在比较冲动的情况下，不妨尝试书面沟通或者聊天工具沟通的方式，这些方法能够起到的沟通效果也许会出乎你的意料。

✾ 不卑不亢，亮明自己的观点

江涛是公司的一位老好人，他平常在工作中热心帮助同事，也坚决服从领导的安排。偶尔被同事占个便宜或被领导误解一下，也从不吱声。在大家眼中，江涛甚至有一点懦弱，很多平级的同事都理所当然地指使他。

一次，总裁办公室下发的工作批示中出现了一条非常明显的错误。但毕竟是老总亲笔签名的批示，而且老总的脾气又比较暴躁，如果贸然提出来，就算不被当场责难，日后恐怕也会被“穿小鞋”。

相比较之下，另一个做法会比较妥当，那就是将错就错，按照老板的错误批示去执行。这样即使将来出了问题老板也怪不到大家，而且据这条错误批示来看并不会出现大的纰漏，很可能日后出了问题老板也不会注意到。

然而，一向与世无争的江涛此时却站了出来，他首先找到部门经理说明此事。经理一看是江涛，顿时灵光一闪，说：“不如你拿着这份报告去找老板，跟他说清楚，如果他承认并纠正了错误，我当然乐意照办。你放心，老总人很好，说不定还会为这事儿表扬你呢，去吧。”

江涛知道经理是怎么想的，也知道大家是怎么想的，他也意识到了大家会怎么做。尽管如此，他还是敲响了老总办公室的门，所有人都伸长了脖子等着看老板是怎么把他轰出来的。江涛推开老总办公室的门后，里面还坐着几位董事，其中一位和江涛比较熟的董事哈哈地笑着说："我就说这小子得来敲门，怎么样？你们输了吧，掏钱，掏钱。"

这次事情之后不久，坚持原则、勇于指错的江涛从部门主管直接被提升为副总经理，并且很快扶正。

对大多数人来说，自卑或自负都是在人际交往中容易陷入的问题，在交往中做到不卑不亢就很难。当我们能够理智地进行反思，确保自己不会强势甚至蛮横地与人沟通后，很可能自卑也会随之而来。此时，坚持自己的观点是非常重要的，尽管不必随时拿出来。通常情况下，一个拥有自己观点的人都不会轻易表达出来，而一旦别人触碰了他们的底线，不管面对多大的阻力，他们都会亮明自己的观点。这就是不卑不亢沟通的态度。

具体来讲，我们可以从以下几点进行关注：

（1）言行得体。一个不卑不亢的人，其一言一行都会表现出十足的自信，他们会充分尊重别人的想法，同时也绝不轻易放弃自己的想法。他们对客观环境了然于胸，对自己的想法也足够自信，既不会有过激的言行出现，在表达自我时也能落落大方。

（2）态度真诚。不卑不亢的人极少弄虚作假，他们会真心实意地面对每一个人，同时也希望别人能这样对待他们。因此，态度真诚是沟通中保持不卑不亢的主要表现，同时也是交际的内在需要，这就是要求我们在人际交往中考虑和解决问题时，务求做到有一说一，有二说二。

（3）用词婉转。之所以要修炼不卑不亢的功底，是为了避免聊天中出现极端的思维和行为，因此在沟通过程中必须注意表情达意的委婉。比如充分顾及对方的颜面甚至顾及他们的心理感受，确保用最恰当的词语表达想法，尽可能达成沟通目的。

当然，不卑不亢也是一个处于随时变化中的尺度，在面对不同的聊天环境和对象时采取的尺度要有所不同。但只要把握住了其中的要领，在经过一定的实践经验积累后，在沟通中练就不卑不亢的本领将不是难事。

让批评的话语悦耳起来

1908年，罗斯福走出白宫，到非洲去狩猎狮子，同为共和党人的塔夫脱当选为总统。罗斯福回到美国看到塔夫脱的保守作风后，非常不满。

罗斯福开始公开批评塔夫脱，还准备再度出来竞选总统，打算另组“进步党”。此举几乎导致共和党的瓦解。在接下来的选举中，共和党只赢得了两个区的选票——佛蒙特州和犹他州，这是共和党有史以来最大的惨败。

然而面对罗斯福的指责，塔夫脱是否承认自己的错误呢？当然没有，他辩解道：“我不知道我所做的一切有什么不对。”

外国人说话直率，不讲客套话，批评很直接，有时往往让人无法接受。其实，只要采取恰当的批评方式，不仅能够化解冲突和矛盾，还能让人心甘情愿地接受批评。

批评别人的时候客气一点，对方会更愿意听你的话，相反，你的话不太客气会容易让人产生逆反心理。批评的话本来就会让人心里不好受，这个时候若说话的方式也不太客气，就更容易让人讨厌了。所以，在批评别人的时候一定要注意自己的表达方式。

可以设想一下这样的情景：假设你坐在出租车上，开车的是一位年轻人，他一只手伸出车外，一只手握着方向盘，把车开得飞快，这时你是否应劝一劝他？如果不劝，恐怕你一直要提心吊胆地坐到下车，年轻人的开车技术倒是很熟练，可是谁能保证这种“走钢丝”式的开车法绝对不出意外呢？如果劝，只有一面之交的你该如何开口？

遇到这一情况时，有位老妇人是这样说的：“小伙子，这个地方是不是经常下雨呀？”

“可不是，‘六月天、孩儿脸——说变就变’哪！”

“那你把手拿进来怎么样？如果天下雨，我会告诉你的。你单手开车，太危险啦。”

这位年轻人笑了起来，顽皮地说：“奶奶，您不用担心，我会注意的。”说着，他就把手拿了进来。

其实，年轻人把手伸到车外，绝不是为了试试是否下雨，而是一种坏习惯，这一点老人心里自然是明白的。但是，如果直接地指出这是一种坏习惯，年轻人在情绪上就可能产生与她对立的倾向。

老妇人深明此理，她“知其非但不言其非”，故意往好的方面误解，这种误解一方面能给对方留面子，消除情绪上的对立；另一方面，又能以误会制造出笑料，使之产生出幽默的效果。

有位作家到美国访问，一位美国朋友带着儿子来看他。在作家与朋友愉快谈话的时候，外国朋友的儿子爬到了作家的床上，并在上面蹦跳起来。

作家很想直截了当地请他下来，不过，他转念一想：如果直接提出异议，必定会使孩子的父亲产生歉意，同时也显得自己不够热情。于是，作家说了这样一句话："请你的儿子回到地球上来吧！"

外国朋友听后，说："好啊，我和他商量商量。"

以上这些批评和要求方式都是委婉、含蓄的，属于提醒式的，但它们的效果远胜过直接批评。

批评不是泄愤，若批评的目的是为了让对方改正错误，那就应该在沟通方式上想办法，让对方更愿意去接受我们而不是讨厌我们。以下方法可供参考：

（1）批评时对人怀抱同情心，这样就不会吹毛求疵，反而对产生错误的原因能加以谅解。提出意见时，我们要时刻保持和对方站在同一立场的心态。

（2）说话要温和委婉，杜绝使用刺激性或使人听了不舒服的字眼。如果语气令人无法接受，即使对方表面上接受了，心里也会不服气。

（3）话不在多，纠正他人的错误时说得越少越好，最好是一两句话就能使对方明白，然后将话题转到其他方面，切忌喋喋不休，让对方产生窘迫甚至反感之情。

（4）面对别人的错误，我们指出并加以指正是应该的，但同时更应该对其正确之处进行肯定或赞扬。这样才能使对方心理平衡，心悦诚服。

（5）在说服他人改错之前，最好的办法是让对方不知不觉地认可自己的想法，让他觉得是他自己改正了，而不是在你批评之后改正了，这一点非常重要。

（6）对于他人出现的不可挽回的过失，应该站在朋友的立场恳切地指出来，使他真心地意识到自己的错误并改正，而不应该一味地指责。

（7）语气非常重要，指出别人的错误时最好用请教式的温和语气，没有任何人愿意接受他人自上而下的命令式的口吻。

（8）批评时不一定要直言不讳，在语言上隐秘地指出他人的错误，能维护对方的自尊心，使之自觉地改正过失。